WANDERN & ERLEBEN

LA PALMA

Peter Grimm

BRUCKMANN

ZEICHENERKLÄRUNG ZU DEN TOURENKARTEN

A4 9	Autobahn		Aussicht
40	Hauptstraße		Einkehr/Hütte
	Landstraße		Kirche/Kloster
	Nebenstraße		Turm
	Piste		Museum
	Fußpfad		Prähistorische Fundstelle
	Bahnlinie mit Bahnhof		Denkmal
A E	Tourenführung mit Anfangs- und Endpunkt		Höhle/Grotte
	Tourenvariante		Schloß/Burg/Ruine
	Fernwanderweg		Camping
Barlovento	Sehenswerter Ort/Stadt		Strand
	Gipfel		Markanter Baum
	Pass		Sehenswert
	Quelle - Wasserfall		Landschaftlicher Höhepunkt
P	Parkmöglichkeit	H	Busverbindung/ Haltestelle

VIER HAUPTKAPITEL

Einführung
Kurze Einstimmung auf das Reiseziel.

Die schönsten Wanderungen
30 Tourenvorschläge mit Kartenskizzen, Infokästen und Tips.

Sehenswürdigkeiten von A bis Z
Die Highlights der Insel.

Reise-Informationen von A bis Z
Aktuelle Infos für die Urlaubsplanung und das Zurechtfinden vor Ort.

PIKTOGRAMME ERLEICHTERN DEN ÜBERBLICK:

Schwierigkeitsgrad:
- ○ *leicht*
- ◐ *mittel*
- ● *anspruchsvoll*

- Weglänge
- Gehzeit
- Höhenunterschied
- kindgerecht

BRUCKMANNS »SCHNELLSUCHE«

Farben helfen Finden
Bunt hervorgehobene Stichwörter verweisen auf das jeweilige Kapitel:

grün	=	Die schönsten Wanderungen
blau	=	Sehenswürdigkeiten von A bis Z
orange	=	Reise-Informationen von A bis Z

BUCH & FALTKARTE

Koordinaten zur Orientierung
Zum schnellen Auffinden aller Sehenswürdigkeiten und Wandervorschläge sind deren Koordinaten auf der Faltkarte im Buch angegeben. Beispiel: Karte: B 4/5

Wanderung 8
Seite 85

In der Faltkarte wird bei der Tour auf die Seitenzahl im Buch verwiesen.

INHALT

Garten- und Bergwelt der »Isla bonita«

LA PALMA – »ISLA BONITA«

Vorhergehende Seite: Grüne, fruchtbare Insel: Orangen frisch vom Baum in Reichweite der Kanarenhäuschen (bei Las Tricias).

Sie ist eine Besonderheit unter den Kanarischen Inseln. Bereits beim Anflug fällt ihre ungemeine Steilheit auf. Wer über Land fährt, staunt über die Vielfalt der subtropischen Landschaftsbilder. Reichtum an Wald und Wasser hat La Palma als grünste der Kanarischen Inseln den Ehrennamen »Isla verde« eingetragen. Wie kaum sonst im Archipel drängen sich auf enger Fläche Zeugnisse alter Baukunst und ursprüngliche Siedlungsformen. Darüber hinaus ereignete sich hier 1971 der jüngste Vulkanausbruch des ganzen Kanarischen Archipels. Der reizvolle Landschaftscharakter läßt sich auf einem attraktiven Netz von Wanderwegen erleben. Der Schriftsteller Gerhard Nebel sieht den eigentümlichen Reiz dieser Insel treffend im »wunderbaren Verein von Fremdem und Vertrautem«. So zieht diese touristisch nur wenig verunstaltete Kanareninsel auch eine besondere Art von Gästen an. Sie ist das Inselziel für den individuellen Natur- und Wanderurlaub. La Palma: »Isla bonita« – die Schöne!

Sieben größere Inseln bilden den Kanarischen Archipel. Als nordwestlichste liegt La Palma als drittkleinstes Eiland auf der geographischen Breite der Mittelsahara; 445 km vom afrikanischen und 1100 km vom spanischen Festland entfernt. Unter den rund 82 000 Einwohnern sind sieben bis acht Prozent Ausländer, vorwiegend deutsche Residenten.

Statistik

Fläche: 708 km²
Längsausdehnung (N–S): 45 km
Größte Breite: 28 km
Einwohner: 82 000
Entfernung von Deutschland: über 3000 km (etwa vier Flugstunden)
Höchste Erhebung: Roque de los Muchachos (2426 m)
Hauptstadt: Santa Cruz de La Palma

Die durch ein »cabildo« (Inselrat) verwaltete Insel bildet einen eigenständigen Teil der Westprovinz Tenerife der autonomen Region Comunidad Autonoma de Canarias innerhalb des spanischen Staatsgebiets. Gemeinsam mit dem Mutterland gehört auch La Palma zur EU, vorerst noch als Zollfreigebiet. Die weiß-blau-gelbe Kanarenfahne symbolisiert die Autonomie, die etwa der eines deutschen Bundeslandes entspricht.

»Wenn die Kanaren der Garten Spaniens sind [wie ein altes Volkslied betont], dann ist La Palma der Ziergarten« (Peter Höh 1996).

Wie die Insel entstand

Die Frage nach der Entstehung der Kanarischen Inselgruppe beschäftigt die Wissenschaft seit langem; ein Anfang nach der »hot-spot«-Theorie in typischer Form à la Hawaii ist widerlegt. Im Verlauf der

Kontinentaldrift abgerissene Brocken der afrikanischen Landmasse kommen auch nicht in Frage. Und die gern zitierte Legende von den Überresten des untergegangenen Kontinents Atlantis gehört ins naturwissenschaftliche Raritätenkabinett. Gegenwärtiger Kenntnisstand ist: In der Stauchzone vor der afrikanischen Platte zerbrach der 150 bis 180 Jahre alte Meeresboden durch tektonischen Schub. Mit untermeerischen Intrusionen an ca. 30 Millionen Jahre altem Tiefengestein durchsetzte Bruchstücke wurden als isolierte Schollen emporgepreßt, verstellt und später über die Meeresoberfläche gehoben. Darüber ergossen sich dann an Land stufenweise die Massen vulkanischer Ausbrüche.

Basaltgestein bildet charakteristische Säulen.

La Palma, neben El Hierro die geologisch jüngste der Inseln, hob sich vor weniger als drei Millionen Jahren aus dem Wasser, bereits im Meer mit Basalt bedeckt. Dieser sogenannte Basalkomplex ist in den → **Caldera de Taburiente** aufgeschlossen. Darüber lagern die wechselnden Schichten aus Tuffen und säuligem Basalt des schließlich über dem Wasser aufgebauten Vulkandoms. Wahrscheinlich einst über 3000 m hoch, erhielt er durch die in niederschlagsreichen Klimaperioden besonders stark wirkende Erosion die gegenwärtige Form. Rund 6500 m ragt La Palma als echte Ozeaninsel auf schmaler Grundfläche vom Meeresboden auf, lediglich fünf Prozent der Inselmasse liegt über Wasser.

Dieser winzige sichtbare Teil präsentiert sich heute als steile, vulkanische Gebirgsinsel. Zumeist schroff sind denn auch die Küsten; stellenweise fallen sie mit über 100 m hohen Felswänden zum Wasser hin ab. Dieser hoch aufgewölbte Inselnorden ist durch eine dichte Folge radial eingeschnittener Barrancos zergliedert. Ihre tief eingefressenen Schluchten zerlegen auch den schmalen Saum eines Mittelgebirgsansatzes über dem Meer. Gegen Süden lagerte sich dann auf später entstandenen Basalten eine langgestreckte Kette jüngerer und jüngster Vulkane an, die sich wie ein Keil ins Meer hinausschiebt. Und der Vulkanismus ruht auch in der Gegenwart nicht. Als einzige größere Verebnung unterbricht im Westteil das tektonisch vorgebildete → **Valle de Aridane** die steilen Hänge. Hier, wie an der mittleren Ostküste, liegen an der »Taille« der Insel die Siedlungsver-

»Die Insel ist klein und grün, hat viele Wälder, … Berge und Schluchten, Bäche und überall das Meer« (Heinz Junker).

dichtungen. Außerhalb dieser auch wirtschaftlich bedeutenden Zentren dünnt die Besiedlung stark aus.

Auf der knappen, etwa herzförmigen Grundfläche von 708 km^2 wechseln die vielgestaltigen subtropischen Landschaftstypen auf kurzer Distanz. Von der versteckten Badebucht in der Felsküste zu den Kakteenhängen, von Bananenplantagen zu Rebterrassen, besiedelte Gartenlandschaft, dazwischen Barranco-Wildnis – immer nur ein kurzes Stück. Selbst von den nackten Lavaströmen bis zum grünen, schluchtdurchfurchten Kessel der Caldera de Taburiente und den Felsgipfeln sind es nur wenige Kilometer.

Keine Industrie, nur zwei Landstädtchen – aber fließende, stürzende Wasser. Diese kompakte Vielfalt mit wuchernder exotischer Pflanzenpracht macht den Reiz der intimen Insel aus. Zu Recht gilt dieses Prachtstück als eine der drei schönsten Inseln der Welt!

La Palmas grüne Schätze – die Flora

»Alle Pflanzen der Schöpfung sind hier vereint …« (Prof. Salvador L. Herrera, Madrid um 1960).

Neben der vulkanischen Formenwelt beeindruckt vor allem die Vegetation. Botanisch bildet die »Isla verde« eine der interessantesten Fundgruben. Die Höhenstufen der Vegetation von der Küste bis ins Hochgebirge sowie die kleinräumig unterschiedlichen Klimagebiete bewirken eine reiche Vielfalt. Von den fast 780 hier wild vorkommenden Pflanzenarten wachsen 27 Prozent nur auf den Kanaren. Der hohe Anteil von 70 La Palma-Endemiten macht jeden Amateurbotaniker ratlos. Das vertraute Bestimmungsbuch läßt einen im Stich. Das Exotische beginnt an der Küste: steile, trockene Kakteenhänge, Sukkulentenbusch aus Kandelabereuphorbien der Kanaren-Wolfsmilch und Opuntien. Weitere übergroße Wolfsmilcharten, Ampferstauden und mächtige verholzte Margeritenbüsche besiedeln den jungen Lavaboden. Die unteren Regionen der Barrancos hingegen versperrt ein dichtes wärmeliebendes Hartlaubgebüsch mit Jasmin, phönizischem Wacholder und Ginster. Drachenbäume, die es hier so reichlich wie nirgends gibt, sowie Kanarenpalmen gehören ebenfalls zu den Resten dieses wunderlichen Trockenwaldes.

Die Kanarenkiefer fängt mit 30 cm langen Nadelbüscheln Feuchte aus der Luft ein.

Feuchte Nordostlagen bedeckt Lorbeer-Urwald. Diese dichte und dunkle Waldgemeinschaft des »laurisilva« ist das Relikt einer tertiären Mittelmeerflora. Der weltweit einzigartige Bestand bei → **Los Tilos** steht in der von der UNESCO prämierten »Reserva de Biosfera« unter Schutz. Die Zusammensetzung aus 30 m hohen, dünnstämmigen Lorbeerbäumen, überwiegend vier Arten, mit Strauchschicht aus Schneeballbäumchen, übermannshohen Farnen, zarten Schattengewächsen und riesigen Schlingpflanzen läßt sich im Gebiet um die Schlucht des → **Barranco del Agua** als Nebelwald eindrucksvoll erleben.

Highlights/Tips

- Durch die »Calles« und über die »Plazas« von Santa Cruz de la Palma schlendern, »Iglesias« aufsuchen – das Flair der schönsten alten Kanarenstadt genießen.
- Vom Mirador de la Taburiente den schauerlichen Trichter der Caldera überblicken.
- Auf dem Roque de los Muchachos über die Cumbres der Insel schauen.
- Eine Visite im Besucherzentrum El Paso machen, die Erkenntnisse der Naturforscher studieren und den Parque Nacional Caldera de Taburiente zu Fuß erforschen.
- In Los Tiles nach dem Erlebnis Nebelurwald UNESCO-Biosphärenreservat gemütlich im Schatten des Lorbeerwaldes eine »cerveza« trinken.
- Kaffee und Kuchen im Mirador El Time mit phantastischer Aussicht über das Valle de Aridane genießen.
- Im Parque Cultural La Zarza y La Zarzita den Gedanken über die Guanchen nachhängen.
- Bei Fuencaliente vom Vulkan San Antonio aus den Teneguía und sein Lava-Inferno bestaunen.
- Besinnlich einkehren in der Wallfahrtskirche der Schutzpatronin Nuestra Señora de las Nieves.
- Eine der Fiestas besuchen – irgendwo auf der Insel.

Nach oben hin schließt an den Lorbeerwald das Stangendickicht der Fayal-Brezal-Zone an: hohe Erikabäume, gemischt mit Gagelbaum und Stechpalmen. Darüber folgen die weiten Wälder aus Kanarenkiefern, der Pinus canariensis. Der Baum ist ein Überlebenskünstler. Er fängt mit seinen Nadeln einen erheblichen Teil seines Wasserbedarfs aus der Feuchtluft ein, übersteht Regenmangel und ausgedörrten Boden und gedeiht sogar auf Asche und Vulkangestein. Selbst die regelmäßigen, manchmal wohl auch gelegten Waldbrände bringen ihn nicht um. Die Folge sind jene auffallenden säulenförmigen Baumgestalten, die aussehen wie Flaschenbürsten, denn der Baum überlebt durch Neuaustrieb direkt am Stamm. Ungestörte Exemplare erinnern in ihrer grotesk verzweigten Form an alte Zirben.

»Die Kanaren sind durch die Pflanzen in die Geistesgeschichte eingegangen … Alexander von Humboldt … hat … [hier] die Idee der Pflanzengeographie gefaßt … « (Gerhard Nebel 1965).

Diese überwiegend bewirtschafteten Pinienwälder nehmen 40 Prozent der Inselfläche ein. Sie sind licht, lassen dennoch wenig Unterwuchs aufkommen. Gelegentlich finden sich einzelne Büsche seltener Farne, Flecken von gelbem Hornklee schmücken den dichten Nadelfilz des Bodens. Zur Blütezeit mischt sich der Duft des Klees in den kräftigen Waldgeruch nach Pinienharz. Versteckt in diesem Bergwald blühen im Fels mittlerer Lagen kanarische Spezialitäten, wie die Dickblattgewächse des Aeonium und der Greenovia, fast meterhohe Verwandte unserer Hauswurz. Dazu spezielle Euphorbien und die Kolben des Natternkopfs.

Der urweltliche Drachenbaum hat auf La Palma sein größtes Refugium.

Nach der Höhe zu gewährt der Kanarenwald rosa und weiß blühenden Zistrosenfeldern Raum. Einst hier dominierende Wacholder-Zedern zogen sich auf einige wenige unzugängliche Felsstandorte zurück. Truppweise hingegen bestocken im Vulkangeröll an manchen Stellen weiß blühende Ginsterbäume die steilen Berghänge. Baumlose Hochlagen werden von Codeso-»Ginster« eingenommen, im April / Mai über und über leuchtend gelb. Und in den Gipfelfelsen leben etliche Raritäten. Insgesamt liegt die Hauptblütezeit der wild wachsenden Vegetation, je nach Höhenlage, zwischen März und Mai. Dann schmückt sich das grüne Kleid der Insel mit freundlichen bunten Tupfen.

Keine Gifttiere – die Fauna

Die spärlich geratene Fauna wild lebender Säugetiere ist auf der Insel nur durch Ziegen, Mufflons und Wildkaninchen vertreten. An Echsen wimmelt es hingegen von scheuen Geckos und huschenden palmerischen Eidechsen, die Männchen mit blauen Seitenstreifen. Von den 36 auf der Insel festgestellten Vogelarten segelt eine rotfüßige, rotschnabelige Unterart der Alpenkrähe, der Insel-Endemit »graja«, um die Gipfel wie die Dohlen in den Alpen. In Waldgebieten gurren wilde Tauben, während über dem offenen Land Turmfalken oft zu beobachten sind. Zahlreiche Singvögel erinnern an ihre kontinentalen Verwandten. Anlaß genug zu Vogelbeobachtungen!

Auch verschiedenartige Schmetterlinge in leuchtenden Farben scheucht der Wanderer auf. 85 Prozent der gesamten Tierwelt von La Palma stellen jedoch die Insekten. Giftschlangen oder andere giftige Tiere fehlen auf der Insel. Bis auf einen Tausendfüßler, der ausschließlich unter Steinen wohnt.

Doppelt soviel Sonnentage wie in München – Klima und Wetter

Das Klima ist subtropisch-mediterran. Die ausgleichende Wirkung des Meeres hält die Temperaturen in Küstennähe unter 27 °C; die Tagestemperatur beträgt selbst im Winter noch 20 °C (im Norden 17 °C) mit Temperaturabfall je 100 m Seehöhe um rund 1 °C. Als Folge der nach Nordwesten vorgeschobenen Lage verzeichnet der Nordteil La Palmas mit 800 mm jährlich den höchsten Niederschlag im ganzen Archipel. Der Regen fällt konzentriert von Ende Oktober bis Februar. In dieser Winterregenzeit können kräftige Niederschläge auch zehn Tage andauern. Das Wetter ist kleinräumig oft unterschiedlich und wechselt auf kurze Distanz.

Überwiegend wird die Witterung durch den aus Nordosten wehenden Passat bestimmt. Der mit Wasserdampf aus dem Meer gesättigte Wind kondensiert beim Aufsteigen an der Gebirgsinsel und bildet in Höhen zwischen 500 und 1000 m häufig eine dicke Wolkenschicht. Durch darüber lagernde Trockenluft entsteht ein nach oben scharf begrenztes Wolkenband. Während man in der Passatwolke durch sogenannten Horizontalregen durchnäßt wird, erinnert über dem Wolkenmeer gleichzeitig glasklare Sicht an herbstliche Föhntage in den Alpen. An den meisten Schönwettertagen ziehen Passatwolken auf. Sie weiten sich am Vormittag aus, um erst in den späten Abendstunden wieder zu verschwinden.

Nicht selten sind in den Wintermonaten die Lagen über 2000 m schneebedeckt. Feuchtwind oder gar Sturm kann zu jeder Jahreszeit in den Höhen empfindlich auskühlen. Insgesamt aber scheint die Sonne im Westen der Insel fast doppelt so lang wie in München, während die Ostseite etwas häufiger unter einer Wolkendecke liegt. So sieht der »ewige Frühling« auf La Palma aus.

Petroglyphen von den Altkanariern, häufig mit rätselhaften Kreismotiven (La Erita).

Mehr als 1000 Jahre Geschichte

Vieles deutet darauf hin, daß Berberstämme aus Nordafrika die vordem möglicherweise unbesiedelten Kanarischen Inseln als erste erreichten. Das »Wann« bleibt im Dunkeln. Eine steinzeitliche Landnahme gilt nach Kulturvergleichen als wenig wahrscheinlich. Eine Datierung ist auch deshalb nicht möglich, da es offenbar mehrere Besiedlungsschübe gegeben hat. Gesichert ist aus der Altersbestimmung von Lagerstellen: etwa um 200 v. Chr. hausten auf La Palma

Menschen. Um diese Zeit holten sich auch Phönizier, etwas später Karthager, den begehrten Purpurfarbstoff der Orchillaflechte von den Inseln. Um die Zeitenwende soll eine Expedition König Jubas von Mauretanien sogar La Palma erreicht haben. Bereits im 1. Jh. n. Chr. zeichnete Ptolemäus die Kanarischen Inseln relativ genau in seine Weltkarte ein.

»Fahrt durch die ganze Welt, doch nirgendwo werdet ihr schönere und stattlichere Menschen finden als auf diesen Inseln« (Bontier und Le Verrier um 1404).

Was diese Altkanarier auf die Inseln getrieben hat und wie sie hierher gekommen sind, bleibt ein Rätsel. Keine Spuren von Schiffahrt selbst zwischen den Inseln wurden je entdeckt. Diese hier »Benahoritas« oder »Auritas« genannten Ureinwohner standen auf einer gleichsam steinzeitlichen Kulturstufe. Sie lebten vorwiegend in Höhlen, errichteten aber auch einfache, aus Stein geschlichtete Hütten. Nahrung lieferte auf La Palma Fischfang, Sammeln von Meeresgetier und Wildfrüchten sowie nomadisch betriebene Viehzucht. In Felle gekleidet, beteten die Menschen vor pyramidenförmigen Steinaltären ihren Himmelsgott »Abora« an; Kultstätten lagen vornehmlich auf Bergen und an Quellen. Auf La Palma in zwölf »cantones« organisiert, gliederte sich die von einem Stammesfürsten (mencey) beherrschte Gesellschaft mit anscheinend matriarchalischen Zügen in Adel und gemeines Volk. Beharrlich tradiert wird auch eine urdemokratische Verfassung.

Die geringe schriftliche Überlieferung gibt meist Gehörtes aus dritter Hand wieder. Gefunden wurden primitiv gefertigte Steinwerkzeuge. Ebenfalls im Museo Insular von → **Santa Cruz** ausgestellt sind unterschiedliche, ohne Töpferscheibe hergestellte Tongefäße mit Ritzzeichnung, die heute nachempfunden als Souvenirs in Kunsthandwerkszentren vertrieben werden. Rätselhaft bleiben die auf La Palma so zahlreichen Petroglyphen: eingemeißelte Spiral-, Labyrinth- und Mäandermotive, vereinzelt auch Sonnen- wie andere Symbole. Eine Fundstelle soll auch eingeritzte Buchstaben eines berberisch-lybischen Alphabets aufweisen, das Forscher ins 3. Jh. n. Chr. datieren. Was an vorspanischer Kultur zu rauben und vernichten war, ging mit der Conquista unter.

Die Conquista und ihre Folgen

Ende des 14. Jh. gerieten Homers vergessene »glückliche Inseln« in das Blickfeld des christlichen Abendlands, nämlich der Seemächte Spanien und Portugal. Die Conquista begann. Papst Clemens VI. hat 1344 dazu den Anstoß gegeben. Zwar biß sich Jean de Béthencourt,

Ehedem lebhaft betriebener Fischfang: Fischerhütten bei Garafía.

der Eroberer Lanzarotes und Fuerteventuras, 1405 an La Palma die Zähne aus, und Hernán Peraza, Herr auf vorgenannten Inseln, verlor 1447 bei einem gescheiterten Versuch 200 Mann. Erst 1492 gelang es Alonso Fernandez de Lugo, Befehlshaber auf Gran Canaria, die Insel La Palma für die spanische Krone zu erobern. Am 29. September, dem St. Michaelstag, landete er mit 900 Mann beim späteren Tazacorte. Seither heißt diese Insel der Palmen mit ihrem vollen Namen »San Miguel de La Palma«.

Die vollständige Eroberung der Insel scheiterte zunächst am erbitterten Widerstand des Gaufürsten Tanausú, der seine Krieger in der unwegsamen Caldera erfolgreich anführte. Heimtückisch lockte Lugo den heldenhaften Häuptling zu »ehrenvollen« Gesprächen unter »Caballeros« aus seinem Widerstandsnest. Bei → **La Cumbrecita** überwältigten versteckte »Caballeros« den Fürsten am 3. Mai 1493 aus dem Hinterhalt. Den Überlebenden sandte Lugo als »Geschenk« dem spanischen König. Tanausú aber entzog sich diesem Schicksal durch Verhungern.

Lugo wurde 1495 »Generalkapitän« von La Palma und Teneriffa, La Palma fortan »Königsinsel«, unmittelbar der spanischen Krone unterstellt. Trotz verbürgter Deportation von mindestens 2000 Sklaven entgingen die Altkanarier der völligen Ausrottung; 1514 rechtlich gleichgestellt, vermischten sie sich mit den spanischen Zuwanderern, denn La Palma hatte bis Ende des 18. Jh. Siedlungsbedarf. Die besten Wasserrechte und Ländereien teilte der geschäftstüchtige Lugo sich und seiner Familie zu. Aus deren Händen ging der Großgrundbesitz in der Folge an das Augsburger Handelshaus der Welser sowie an finanzkräftigen spanischen Grundadel über, später vor al-

> **Tip**
>
> **La Palma mit dem Auto kennenlernen – Routenvorschläge auf guten Straßen**
>
> - **Nordroute:** Santa Cruz – Puntallana – Abstecher Los Tilos – Los Sauces – Abstecher San Andrés – Barlovento – Garafía – Las Tricias – Tijarafe – Mirador El Time – Los Llanos – Cumbre-Tunnel – Santa Cruz
> - **Caldera-Route:** Santa Cruz – Las Nieves – Mirca – Mirador de la Taburiente – Mirador de los Andenes – Abstecher Roque de los Muchachos – Hoya Grande – Las Briestas – Puntagorda – Los Llanos – Santa Cruz
> - **Südroute:** Santa Cruz – Mazo – Fuencaliente – Mirador de las Indias – Las Manchas – Todoque – Puerto Naos – Tazacorte – Los Llanos – El Pilar – San Isidro – Santa Cruz

lem an flämische Kaufherrenfamilien. All dies legte den Grundstein zu einer feudalen Besitzstruktur, die sich auf die politische, wirtschaftliche und soziale Geschichte der Insel bestimmend auswirkte.

Privilegien für den Amerikahandel sowie der notwendige Zwischenstop im Hafen von Santa Cruz bescherten der an der Segelroute gelegenen Insel einen relativen Wohlstand. Dieser wiederum verlockte im 16. Jh. die Seeräuber wiederholt zu Überfällen und Brandschatzung. Erst Befestigung und Bestückung mit Artillerie verhinderten weitere Angriffe, ja trugen sogar im 17./18. Jh. zum Scheitern britischer Versuche bei, die Kanaren so nebenbei für England zu erobern.

»Der Einfluß der nord- und mitteleuropäischen Handelsfamilien prägt … die wirtschaftliche Dynamik, die Kunst und Architektur und auch das geistige Leben.« (Adam Reifenberger 1990).

Zwar wurde 1773 die absolutistische Macht der »regidadores«, der erblichen Ratsherren, in einem Aufstand gebrochen und 1812 im Rahmen einer ersten liberalen Verfassung im Geiste der Französischen Revolution eine eigene Gemeindeverwaltung etabliert. Aber mit der Rückkehr des spanischen Königs aus Napoleonischem Gewahrsam trat wieder eine Restauration ein. Die Verfassung überlebte nicht, und die Säkularisation der Kirchengüter stärkte nur den Geldadel. 1912 erhielt La Palma mit Einführung des »cabildo« dann eine eigene Inselregierung. Trotz institutionellen Wandels, Wahlrecht und Aufkommen politischer Parteien blieb die Macht in den Händen der alten Familien. Beinahe wäre die Insel durch Kauf als Flottenstützpunkt zum Deutschen Reich gekommen, hätten dies nicht absichtlicher Behördenschlendrian und schließlich der Erste Weltkrieg verhindert.

Der Ausbruch des Spanischen Bürgerkriegs 1936 streifte die Insel nur am Rande, der Zweite Weltkrieg führte sie in die totale Isolation. Die löste sich erst nach Generalissimo Francos Tod: 1982 erhielten die Kanaren endlich ihre lang erstrebte Autonomie mit eigenem Parlament und Präsidenten. 1989 entschied sich die autonome Region nach Abschluß eines Sonderabkommens schließlich zum Beitritt in die EU.

500 Jahre Wirtschaftsgeschichte

Nach der Conquista La Palmas war es mit dem einträglichen Sklavenhandel so gut wie zu Ende, Bodenschätze hat die Insel nicht. Durch Aufteilung in Großgrundbesitz bestimmte der sehr kommerziell denkende Generalkapitän Lugo Grund und Boden von vornherein zur exportorientierten Monokultur. Zuerst waren es Zuckerrohr und Zuckerbereitung, dann der Weinbau, Tabak, zum Schluß die Bananenplantagen. Nur Seidenraupen- sowie Cochenille-Zucht und Seidenherstellung standen auch kleineren Grundbesitzern offen. All diese Produkte warfen zu ihrer Blütezeit hohe Gewinne ab. Für die Grundherrn. Um so krasser war nach dem Zusammenbruch der Exportmöglichkeiten das Desaster für die in diesen Wirtschaftszweigen Beschäftigten. Verhältnismäßig lang hielt sich aufgrund des Holzreichtums der Segelschiffbau.

Bei dieser Besitzstruktur mit Monokulturen konnte sich auch La Palma nicht aus eigener Produktion ernähren. Trotz Wohlhabenheit auf der Insel herrschte bei den Landpächtern und kleinen Leuten unbeschreibliche Armut. Beorderten anfangs Dekrete der spanischen Krone viele Palmeros zur Kolonisation der spanischen Besitzungen nach Südamerika, so wurde bald die Emigration zum Ventil wirtschaftlicher Not. Familiäre Bande vor allem nach Venezuela und Kuba zeichnen La Palma noch immer aus.

Zu allem Übel hemmte ab 1923 der fortschrittsfeindliche Diktator Primo de Riveras in Spanien jede wirtschaftliche Entwicklung. Durch den Wirtschaftboykott der Westmächte gegen das Franco-Regime fielen seit Ende der dreißiger Jahre des 20. Jahrunderts zudem noch die wichtigsten Abnehmerländer aus. Diesen Rückschritt konnte auch der seit den achtziger Jahren allmählich aufkommende und relativ bescheidene Tourismus nicht ausgleichen. Er ist mit seinen gemäßigten Impulsen nur ein Zubrot für die Insel.

Bananen: Im unteren Valle de Aridane Monokulturprodukt Nr. 1!

Auch heute lebt La Palma von der Agrarproduktion, zu 80 Prozent von den subventionierten kleinen Bananen. Sie schmecken besser als die »Schönen« aus Mittelamerika, aber sie sind auf dem europäischen

Spezial

Krebsgeschwür Asphalt

Zur Anfahrt mag man die Asphaltdecke gern, beim Wandern vermiest sie die Tour. Wie überall verdrängen Straßenbau und Asphaltierung auch auf La Palma gute Wandermöglichkeiten. So wurde beispielsweise der beliebte Weg Tijarafe – »Piratenbucht« kürzlich zur Fahrstraße ausgebaut. Wie immer mit Hilfe von EU-Geldern. Einheimische sausen jetzt an Wanderern vorbei bis kurz über das Ufer zum Baden und ins Wochenendhäuschen. Eine Entwicklung übrigens, die auf den Kanarischen Inseln munter weitergeht. Die Vernichtung weiterer Wanderwege auf den Kanarischen Inseln ist damit vorprogrammiert. Werden sich die Politiker wohl einmal fragen, ob eine solche »Strukturförderung« aus örtlicher Gefälligkeit auf die Dauer nicht dem Tourismus schadet? Wo der doch auf La Palma untrennbar mit dem Wandern zusammenhängt.

Markt nicht absetzbar. Versuche, auf andere Produkte wie Avocados, Mangos, Papayas oder Ananas auszuweichen, kranken unter anderem an hohen Gestehungskosten. Die Viehzucht kann nicht einmal die Insel versorgen, und auch der Fischfang deckt nicht den heimischen Bedarf. So ist die Handelsbilanz der fruchtbaren Insel seit Jahren negativ. Vielleicht bildet der derzeit enorm zunehmende Weinanbau einen ersten Schritt zur Selbstversorgung.

Enormes Außenhandelsdefizit infolge mangelnder agrarischer Selbstversorgung der grünen Insel – Hauptursache: Die Bananenmonokultur.

Warum muß das so fruchtbare La Palma den größten Teil der Lebensmittel für sich und seine Gäste einführen? Die »Isla verde« ist durch erhebliche Strukturprobleme belastet. Diese zu lindern, wird heute mit Unterstützung der EU versucht.

Alte Kirchen, Patrizierhäuser und Palmero-Siedlungen

Altkanarische Kultur kann man vorwiegend nur im Museo Insular sehen. Die Baukunst der Conquista fiel weitestgehend Brandschatzungen zum Opfer. Wo aber sonst noch auf den Kanaren gibt es aus der Folgezeit einen so gut erhalten Altstadtkern wie in → **Santa Cruz**? Und: wer die Wallfahrtskirche Nuestra Señora de Las Nieves besucht, wird von der Einmaligkeit dieses Heiligtums tief beeindruckt sein. Über die ganze Insel verteilt präsentieren sich die Schaustücke alter Landkirchen im Mudejár-Stil. Den alten kulturverständigen Patrizierfamilien aber verdankt La Palma mehr als andere Kanareninseln die schönsten Skulpturen und Gemälde der Kirchenkunst.

Flämische Impulse haben die koloniale Architektur ebenso geformt wie maurisch-andalusische. Auf dem Land findet man noch erfreulich viele der schlichten kubischen Steinbauten der Palmeros. Rote Ziegeldächer, geweißtes Mauerwerk, schwarz-weiß gefeldert an den Ecken – diesen palmerischen Stil übernahmen auch viele der Neubauten. Inzwischen sorgen strenge Vorschriften für in die Landschaft eingepaßtes Bauen. La Palma ist auch für den Kunstästheten ein erfreuliches Revier.

Abseits vom Massentourismus

Die beiden Fremdenverkehrszentren Puerto Naos und Los Cancajos nehmen sich vergleichsweise noch bescheiden aus. Touristische Auswüchse haben sich auf La Palma bislang nicht breitgemacht. Und die zahlreichen Bungalows verstecken sich ohnehin in der Gartenlandschaft.

»Reisende sieht man auf dieser Insel selten ...« (Franz von Löher 1876).

La Palma, die schöne, die grüne Insel, hat den Tourismus nicht unbedingt nötig. Nicht um jeden Preis! Die Palmeros können sich ein Unbehagen über die Entwicklung auf den vom Tourismus abhängigen Nachbarinseln leisten. Rasante Erschließungspläne, ein Bettenziel von 80 000, wurde begraben. Mit einer reduzierten Zielprojektion von 20 000 Betten scheint die »grüne Insel« ihre Eigenart wahren zu wollen. In diese Richtung zielt auch der öffentlich geförderte Turismo rural sowie die touristische Erschließung der Wanderwege. Allerdings bleiben 300 000 Gäste ein Anreiz für investitionsgieriges Fremdkapital.

Etwas mehr als ein Fünftel der Touristen sind Deutsche: vorwiegend Gäste, die Natur, Landschaft, Kultur suchen, aktiven Natursport – oder nur Ruhe. Baden nur nebenbei. Lange Sandstrände, die den massenhaften Badetourismus anlocken würden, lassen sich hier einfach nicht herbeizaubern. La Palma hat also die Chance, beim Muster einer überlegten touristischen Entwicklung zu bleiben, die Einheimischen wie Gästen nützt.

Abgestimmt auf die speziellen Qualitäten der Insel.

Möge La Palma das Kunststück gelingen, den ihr eigentümlichen Charakter zu wahren. Nämlich eine interessante und begehrte (Markt-) Nische unter den subtropischen Inseln zu sein. Gleichsam eine Oase, ländlich, familiär, fast intim. Jedenfalls eine echte Gebirgsinsel, auf der sich Wanderer und Natur-Fans wohlfühlen können.

Essen & Trinken

- Croquetas de pescado: pikante Fischkroketten zu jeder Zeit als ergiebige Leckerei.
- Puchero: kräftiger Gemüse-/Fleischeintopf, wenn einen der Hunger packt.
- Tagesfisch, mariniert und gegrillt: abendliche Verbeugung vor den Schätzen des Meeres.
- Tortilla: Eieromelett mit verschiedenen Zutaten für den kleinen Hunger.
- Bienmensabe: Nachtisch aus Mandelcreme – die süße Sünde.
- Inselwein: damit das kräftige Essen schwimmt.

»... nach wie vor ein beschaulicher Paradiesgarten, in dem vielfältiges Vogelzwitschern und nicht der Lärm ... des Massentourismus die linde Luft erfüllt.« (Peter Höh 1996).

de Benutzung für die Begehbarkeit sorgen. So unterliegt die Wegesituation rascher Veränderung. Straßen- und Pistenbau wie Asphaltierung tun das ihrige dazu.

Special

Geführte Wanderungen

- DAV SUMMIT CLUB, D-81545 München, Am Perlacher Forst 186, Tel. 0 89/6 42 40-0, Fax 089/6 42 40-1 00, E-mail info@DAV-Summit-Club.de, Internet www.dav-summit-club.de
- HAUSER Exkursionen international, D-80331 München, Marienstraße 17, Tel. 0 89/23 50 06-0, Fax 089/2 91 37 14, E-mail Hauser@Hauser-Exkursionen.de, Internet www.hauser-exkursionen.de
- LA GOMERA TREKKING TOURS, D-90443 Nürnberg, Sandstraße 1a, Tel. 0911/2 07 87, Fax 09 11/2 07 00, Internet www.netzmarkt.de/gomera
- WIKINGER Reisen GmbH, D-58135 Hagen, Kölner Straße 20, Tel. 02331/ 90 46, Fax 02331/90 47 04, mail@wikinger.de
- ferner: Wanderreisen bei JAHN REISEN, KREUTZER, TUI u. a. über Reisebüros.

Unterkunfts- und Verpflegungsmöglichkeit, wie in Bergasthäusern, fehlen in den Hochlagen. Wasser am Berg gibt es außerhalb der Caldera kaum. Gelegentlich muß man zur Anfahrt das Taxi benutzen, das Busnetz ist nicht für das Wandern ausgelegt. Auf begangenen Wegen drohen indes kaum Gefahren. Wetterstürze sowie Gewitter sind äußerst selten, freilich bringen Passatwolken im Tagesverlauf häufig urplötzlich dichten Nebel, der durchnäßt und die Orientierung erschwert. Auf freien Kämmen kann böiger Sturm (trotz Windstille im Tal) den Begeher gefährden, in Hochlagen bewirkt er eine beträchtliche Unterkühlung. Gelegentliche Vereisung auf dem Caldera-Kamm im Winter sollte man nicht unterschätzen. La Palma ist eine Hochgebirgsinsel!

Scharfkantiges Gestein ist typisch für die Wanderwege auf La Palma. Wie Kugellager wirkendes Lavageröll und Rollgrus können schmerzhafte Stürze verursachen. Lavasand und staubende Asche bieten keinen festen Tritt. Während und nach starken Regenfällen können Hänge abrutschen oder abbrechen, Steinschlag und geröllführende Wasser machen dann die Barrancos gefährlich. Im Kiefernwald sind Steilhänge auf dem dicken Filz aus langen Nadeln eine rutschige Angelegenheit. Vorsicht auch vor scheinbaren Abkürzern: Augen offen halten! Wer sein Ziel erreichen will, bleibt auf der eindeutig begangenen Wegspur. Bei Verirren oder gar Unfall stehen keine Bergretter einsatzbereit.

In der Caldera de Taburiente, dem Herzstück des Inselgebirges.

Wandern kann man auf La Palma rund ums Jahr. Vorteilhaft fliegt man jedoch in den nahezu regenfreien Monaten März bis Juni auf diese Insel. Da ist auch die Neigung zur Bildung von Passatwolken geringer, die Obergrenze liegt etwas tiefer, und es blüht in den höheren Lagen. Wer zwischen November und Ende Februar La Palma besucht, riskiert mehrtägige Regengüsse, hat aber auch gute Chancen, besonders klare Sicht zu erleben. Im Hochsommer hingegen heizt manchmal der Saharawind die Insel unangenehm stark auf.

Wandern
»Es gibt noch Inseln der Freude. Wer sie erwandert, erwandert das Leben« (Huldreich Büttner).

La Palma ist vulkanisches Bergwandergelände, knöchelhohe Trekkingschuhe sollten da selbstverständlich sein! Teleskop-Wanderstöcke schonen auf Lavagestein und Grus die Fuß- und Kniegelenke, ein leichter, winddichter, regenfester Anorak wehrt auskühlenden Wind und Passatwolkennässe ab. Für heiße Tage und Wanderungen in den tieferen Lagen genügen Shorts, beim Bergwandern darüber eine dichte, leichte, knöchellange Trekkinghose, die auch Stachelwerk und scharfes Gestein abhält. Moderne High-Tech-Unterwäsche und T-Shirts sowie Fleecepulli führen den reichlichen Subtropenschweiß ab, ohne den Körper auszukühlen wie Baumwollgewebe. Den Kopf beschattet man mit einem leichten Trekkinghut. Ein Sonnenschutzmittel mit hohem Schutzfaktor hilft Sonnenbrand vermeiden.

Zur Brotzeit aus dem Leichtrucksack probiere man, was das Land bietet: Obst, Paprikaschoten, Avocados, Bananen, Schinken, Ziegenkäse, Brot und Wein, Mandeln und Feigen. Auch dies ist Teil des Inselabenteuers. Und wer sich darüber hinaus noch belasten will, sollte nicht auf die gewohnte Fotoausrüstung verzichten. Mit Polfilter!

Special

Streckenwanderungen auf La Palma

- **Nord-Süd:** Roque Faro – Pico de la Cruz – Pico de la Nieve – Reventón-Paß – El Pilar – Ruta de los Vólcanes – Los Canarios (Punta Fuencaliente), 2–3 Tage.
- **West-Ost:** Tazacorte – Los Llanos – El Paso – Reventón-Paß – Santa Cruz, 6 Std.
- **Caldera-Umrahmung:** Tazacorte – El Time – Roque de los Muchachos – Pico de la Nieve – Reventón-Paß – El Paso, 2–3 Tage; weitere Kombinationen sind möglich.

La Palma ist eine unverdorbene Bergwanderinsel. Das viele exotische Grün tut dem Wanderer wohl, und mit einem Mindestmaß an Bergerfahrung hat er die Chance, eine grandiose vulkanische Gebirgslandschaft zu entdeckten. Nachhaltig beeindruckt dabei der freie Ausblick auf die endlose Weite des Ozeans, angereichert durch die oft sichtbaren Nachbarinseln El Hierro, La Gomera und Teneriffa.

»Auf den Kanaren heißt Gehen Steigen ...« (Gerhard Nebel 1965).

1 Durch die Stadt auf den Mirador

Santa Cruz – Mirador de la Concepción, 355 m – Santa Cruz

Karte: F 5

mittel

9 km

2½ Std.

↑340 m ↓340 m

ja

Tourencharakter: durch die Vorstadt steil hinauf zum hervorragenden Aussichtspunkt.
Beste Jahreszeit: Februar bis Juni.
Ausgangs- und Endpunkt: Santa Cruz, Plaza de España.
Markierung: rot.
Einkehr: Restaurants im Altstadtbereich.

Eigentlich wäre der Mirador de la Concepción der harmonische Abschluß einer Wanderung durch die Gassen von → **Santa Cruz**. Die Stadtlandschaft nach dem Bummel von oben sehen, in ihrem ganzen Zusammenhang! »Concepción«, offensichtlich Rest eines vom Meer angefressenen Kraters, macht es durch seine vorgeschobene Lage möglich.

Wegverlauf

Die Markierung ist sehr dezent! Achtung: Man geht stets tüchtig steigend auf Asphalt bergauf. Nie führt dabei die Route auf längerer Strecke der Fahrstraße entlang.

Startpunkt in **Santa Cruz** ist auf der Plaza de España. Von dort geht es die Treppe an der Pfarrkirche hoch, vorbei an der Biblioteca Cosmologica und aufwärts zur Sebastianskapelle, wo die Markierung beginnt. Leicht rechts haltend trifft die Calle de San Sebastian auf die Calle Montecristo, die nach kurzem die befahrene **Carretera de Timibuca**r erreicht. Dies ist die Landstraße, die von Santa Cruz in zahlreichen Serpentinen nach Buenavista hinaufführt.

Der Felsabbruch des »Mirador de la Concepción« umfaßt im Süden die Hauptstadt Santa Cruz.

Über die Carretera hinüber und im Verlauf des anschließenden Gäßchens Calsinas mehrmals die Landstraße kreuzen, wobei man einmal die Fortsetzung suchen muss. Der Blick nimmt mit der Höhe zu, die Mühe auch, und schließlich kommt der letzte harte Aufstieg durch die Calle La Cuesta Nach einer guten Stunde verschnauft man endlich oben und folgt erleichtert der nun ebenen Landstraße nach links. Häuser, Gärten am Straßenrand, noch kein

Ausblick. Erst einen halben Kilometer weiter ein nicht zu übersehendes Schild: »Mirador«. Nach links steigt die Stichstraße noch etwas an, vorbei an einer typisch kanarischen **Kapelle** aus dem 17. Jh., dann steht man auf dem Rondell, auf dem die Autos umkehren. Was für eine Schau vom Mirador de la Concepción! Fasziniert von der Aussicht sucht man nach einem Vordergrund für das Foto, damit die Tiefe bildwirksam wird, und klickt hinunter. Da drunten liegen Stadt und Umland wie auf dem Servierbrett vor dem Betrachter, hineingeschmiegt vom Meer aus in die Barranco-Mündungen und in die steilen Berghänge. Ein Feld weißer Würfel, Gebäude groß und klein, und jedes Detail ist klar zu sehen. Wo hat eine andere Kanarenstadt einen solchen Mirador?

Variante: Auf- oder Talfahrt mit Bussen der Linien 1, 6, 9, 10, dabei ggf. Besichtigung der **Wallfahrtskirche** in → **Las Nieves**.

Durch die Stadt auf den Mirador La Concepción: Kraterrand über der Hauptstadt.

2 Die Barranco-Hitparade

Barlovento – La Tosca – La Palmita – Gallegos

Karte: E 1/2

leicht

7 km

2½ Std./ 2¾ Std.

↓450 m ↑250 m

ja

Tourencharakter: quer durch die imposante Schluchtlandschaft der Nordküste in lebhaftem Auf und Ab auf gutem »Königsweg«.
Beste Jahreszeit: Februar bis Juni.
Ausgangspunkt: Barlovento. Parkplatz im Ort.
Endpunkt: Gallegos.
Verkehrsanbindung: Bus Linie 11 (schlechte Verbindung, Rückfahrmöglichkeit besorgen!).
Markierung: rot.
Einkehr: Bar in Gallegos

Müßte ich die Wanderungen dieses Büchleins bewerten, so würde diese Route in der Reihung bestimmt auf einem der vorderen Plätze landen. Führen auch die anderen Wege durch bezeichnende Teile der exotisch vielfältigen Insellandschaft, so wartet diese Tour mit einer besonderen Landschaftsform auf: dem Barranco, einer mit tropischem Grün geradezu gespickten Felsschlucht im Lavagestein.
Charakteristisch sind diese Barrancos für das Relief geologisch älterer vulkanischer Inseln. Diese Schluchten zerschneiden die Abhänge vulkanischer Massen und gliedern sie in einen Kranz scharf voneinander getrennter Rücken. Lernt man auch die ansetzenden Gräben auf anderen Ausflügen kennen, dringt sogar in die Klamm des → **Barranco del Agua** ein, entdeckt man hier jedoch den Fächer der Barrancos vor der Mündung ins Meer. Man durchquert diese Schluchten und übersteigt die trennenden Rücken. Nur von Führertexten und Kartenbild her kann sich wohl niemand die Unwegsamkeit eines solchen Geländes vorstellen.
Ein Camino real, einer jener hervorragend angelegten, meist sogar gepflasterten »Königswege«, durchzog einst das ganze Gebiet der Nordküste. Maultiere trugen darauf ihre Lasten, und Herren wie Hirten benutzten ihn jahrhundertelang. Viele dieser »Königswege« hat der moderne Straßenbau verschluckt, der Asphalt begraben; der Fernweg **Santo Domingo** – → **Barlovento** aber liegt weitab von der neuzeitlichen »Kultur«. Das hat ihn bislang gerettet. Der »Camino real de la costa« ist als »GR 130« begehbar. Ein Stück des uralten Verkehrsweges dient hier als beispielhafte Wanderroute.

Wegverlauf

Auf der Asphaltstraße LP-1 von Barlovento Richtung Gallegos erreicht man nach etwa 700 m den Wegweiser des »GR 130«. Ihn abwärts ge-

2

gen das Meer auf asphaltiertem Fahrweg gehen, bis Wegweiser und Markierung im spitzen Winkel die links abgehende Route anzeigen. Auf diesem urigen Steig hinüber nach **La Tosca**.

Dabei fallen sicher die Drachenbäume auf, zwischen deren geradezu urweltlichen Formen sich die puppenhaften, typisch palmerischen Steinhäuschen hineinschmiegen. Reiseführer bezeichnen die lockere Ansammlung dieser für die Kanaren typischen Gewächse als den sehenswertesten Hain der Insel.

Die Route über der Nordostküste führt durch kleinbäuerliches Land.

Am ersten bewohnten Gebäude empfängt uns das Gackern der Hühner. Unterhalb dieses anspruchslosen Stillebens gelangt man auf die Zufahrt ins Dörfchen und folgt dieser nicht in den Ort, sondern durch einen seichten Graben ein Stück westwärts. Wo sich der Fahrweg teilt, nach rechts zu einem Miniaturgehöft – nicht aufwärts zur Fahrstraße! Wer aufpaßt, entdeckt nach der Gabelung die wenig auffallende Markierung, der man sich fortan anvertrauen darf. Wo der gemächliche Rücken unausweichlich in den ersten Barranco abbricht, zögert man: da hinunter? Auf der richtigen Spur führt der Steig gefahrlos bergab; sonst landet man in der »Sackgasse« eines der mehr oder minder gepflegten Kulturterrässchen. Mehr kann nicht passieren. Also keine Scheu und hinunter!

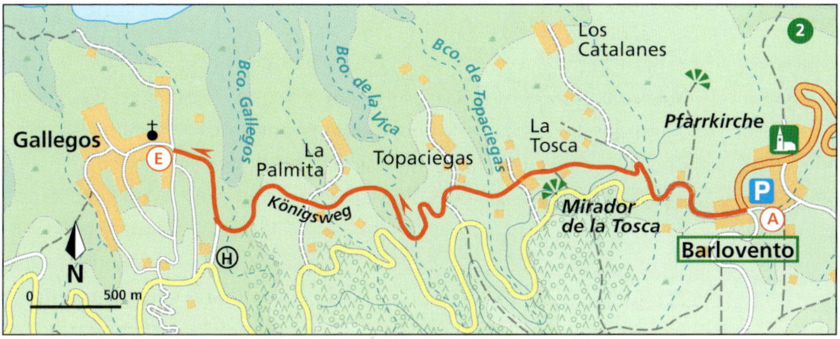

2

An der Barranco-Kante setzt der »**Königsweg**« mager an, gibt sich anfangs etwas vergrast und überwachsen. Man streift entlang an anstehendem Buschwerk, an mannshohen blühenden Stauden, an Greiskraut, Johanniskraut, Margeriten, Euphorbien, Agaven, auch Opuntien. Eine reiche Xerophyten-Flora wächst hier im heißen Sonnenhang. Eine reizvolle exotische Atmosphäre.

Wo der Steinpfad mitunter durch etwas schattigere, feuchtere Stellen zieht, stehen rechte Schauexemplare von meterhohen Zinerarien und anderem saftstrotzenden Blumengesträuch. Wer die Zusammensetzung all dieser grünenden Pracht zwischen den Felsen im einzelnen bestimmen wollte, käme mit dem vorgesehenen Wanderziel schnell ins Hintertreffen.

Rasch ist man mit ein wenig Achtsamkeit auf dem steinbelegten Untergrund im Barranco drunten. Versickernde Reste eines Wasserlaufs, Steinblöcke, einengende Wände, die den Ausblick versperren. Drüber nur das blaue Band des Himmels. Die Sonne findet den Wandernden auch am Barranco-Grund. Rasch hüpft man über das trockene Bachbett zum anderen Ufer. Elegant leitet hier der »Königspfad« die Flanke hinauf. Wie geschickt die Trasse die gut begehbaren Wandabsätze zu einem wahrhaften Weg zusammenfügt! Einige Felsstellen, Ziegengatter – man übersehe nicht die Büschel der zahlreichen Natternköpfe, die weiß, rosa und blau alte Gärtchen überwuchern.

Ab und auf durch Barrancos auf dem alten »camino real«.

Wer auch nur einigermaßen trainiert ist, hat auf diesem »Königsweg« keine Mühe beim Steigen. Die Neugier der kleinräumig so rasch wechselnden Reize treibt ungezügelt voran. Ehe man sich's versieht, ist man wieder oben, kommt direkt an einem Gehöft heraus. Der Haushund meldet, man steht wieder auf Asphalt. Die »Doña« pfeift ihren mageren Köter zurück. Ein kurzes Stück muß man auf dieser Straße aufwärts. Dann Achtung: rechts in einer Lücke im Gebüschsaum wieder die Markierung! Man darf hier den Asphalt verlassen und schlendert wiederum auf altem Weg durch das bäuerliche Land.

Was für ein gutes Wandern durch dieses Geflecht genutzter, verwilderter Felder und Weiden! Drüben, wie greifbar, der Rücken, auf dem man vor kurzem stand. Ro-

2

te Ziegeldächer spitzen dort aus üppigen Gärtchen, Terrassen stufen den grünen Kamm, dahinter immer das Meer, das an die Steilküste brandet. Und in Marschrichtung wieder der nächste, vom Gewürfel der Ziegeldächer belebte Kamm, hoch über einem Barranco. Und danach nochmals ein Kamm, und noch einer.
Über den Steilabhang taucht der deutliche »Königsweg« in den folgenden Barranco hinab, nirgends gefährlich, überall vom wuchernden Grün gesäumt. Die steinerne Wegrampe holt in einer weiten Schleife aus, zieht gemütlich unter einem Felsband durch.
Das kurzweilige Spiel des Hürdenlaufs durch die Gräben und über die Rücken wiederholt sich. Hinauf – hinunter! In einem der Barrancos verläßt der Pfad unvermutet, aber bescheiden markiert, den alten Weg. Eingetreten steigt er durch Büsche zu einer neueren Piste an, zieht empor auf einen unbewohnten Rücken, der ungenutzt verwildert. Von der Fahrpiste weg wendet er sich, zunächst erdig, sogleich wieder bergab und trifft auf den »Königsweg« durch den Abhang. Am Grund der Schlucht in eine Felswand gegrabene Vorratshöhlen, nicht mehr benutzt, aufgegeben. Ein wenig verkommen wirkt diese Umgebung hier. An den Kavernen vorbei geht's auf kenntlichem Pfad gleich wieder hinauf. Glasscherben liegen zwischen den Trittplatten, »Kulturabfälle« daneben, abseits bewohnte Ziegenställe im Fels. Unmittelbar nach der stimmungsvollen Barranco-Wildnis steht man dann – vor Autos. Ist das jetzt **Gallegos**? Auch. Vor dem eigentlichen Ort aber liegt noch einmal das Hindernis eines tiefen Grabens. Hinunter – hinauf.

Weiler krönen die Kämme zwischen den Barrancos.

Ende des Abenteuers direkt an einem Tante-Emma-Laden mitten im Dorf. Die Häuserreihe säumt die einzige Straße, einige Alte halten ihr Nachmittagsschwätzchen. Dann geht es bergauf zwischen Häuserzeilen mit reichlich Blumenschmuck. Auffallend auch die Künste der Dorfbewohner beim Einparken: Zentimeterarbeit hinein in die Hausnischen. Einen fahrbaren Untersatz braucht hier eben jeder. Wir auch! Hätte uns nicht zu guter Letzt doch noch ein Pick-up beim Rückmarsch auf der Straße aufgepickt, unsere Füße wären in den Wanderschuhen zum Kochen gekommen.

3 Stiller Nordwesten

Santo Domingo de Garafía – El Palmar – Sto. Domingo

Karte: B/C 1/2

leicht

11 km

2 ½ Std.

↑ 200 m
↓ 200 m

ja

Tourencharakter: auf verlassenen Wegen durch das nördliche Bauernland von ehedem.
Beste Jahreszeit: Februar bis Juni.
Ausgangs- und Endpunkt: Sto. Domingo Plaza, Parkplatz im Ort.
Markierung: rot (GR 130).
Verkehrsanbindung: Bus Linie 5 von Los Llanos.
Einkehr: Bars u. Restaurants in Sto. Domingo.

Irgendwie gilt dieser nordwestlichen Ecke der Insel meine besondere Sympathie. Noch immer steigen dort die Isleños bedächtig zu Fuß durch das alltägliche Hindernis der Barrancos. Prächtige Villen fehlen weitgehend im zertalten Landschaftsbild. Der weißgekalkte Steinkubus des traditionellen Kanarenhauses zwischen gepflegten Gärtchen und wohlbestellten Feldern herrscht weiterhin vor. Vereinzelte Drachenbäume erinnern an die Vergangenheit.

In Nestern wie **Santo Domingo** scheint die Zeit stehengeblieben zu sein. Stille herrscht in den steilen, alten Gassen; Läden und Türe der Apotheke im Ortszentrum sind geschlossen, die paar neuen Gebäude liegen außerhalb. Die Menschen haben viel Zeit für einen Schwatz, begegnen einander oder hocken sinnierend vor der Bar. Nur die Kinder sausen mit Rollschuhen und Bikes halsbrecherisch wie überall über die dem Hang abgerungene Plaza. Und wenn ich über die viel zu große Kirche schaue, erinnert mich die nördliche, der See zugewandte Atmosphäre irgendwie an einen ferner im Norden gelegenen Archipel, an die Azoren.

Jedem Bauernhäuschen seinen Drachenbaum.

Wegverlauf

An einer verschlossenen Garage vorbei steigt von der Plaza in **Sto. Domingo** am Rande des **Barranco de la Luz** die Calle Anselmo Perez de Brito an. Stellenweise lugt aus dem Asphalt noch das alte Bruchsteinpflaster hervor, das Kunstwerk einer althergebrachten Verkehrswegetechnik. Von links kommt ein Weg herauf, der alte **Camino real**. Diesen muß man hinunter, hindurch und die andere Barranco-Seite hinauf. Am Wegrand stehen einzelne Drachenbäume, und schwarze Löcher der Höhlen schauen aus dem braunen Fels.

Jenseits beim zweiten Haus zunächst nach links auf einen Feldweg. Bald geht geradeaus ein gepflasterter Weg ab und kreuzt den Feldweg. Nach links führt die Route vorbei an einsamen Gehöften, an Gruppen von Opuntien und Buschwerk, verstreut über das verschlafene Gefüge der kleinen Felder. Unterhalb ist die gekräuselte Weite des Ozeans ruhelos in Betrieb. Schließlich nimmt eine Piste den Camino auf und passiert einen kleineren Barranco. Agaven, Feigenkakteen und ein Drachenbaum säumen den Weg, Höhlen dienen als Ziegenställe.

Dann ist **El Palmar** erreicht. Eine wunderliche Ansammlung von Häuschen, die als urigster Flecken im Norden gilt. Gackernde Hühner – ja, aber wohnen hier noch Menschen?

Stellenweise verwildert, verwachsen führt da der alte »Königsweg« weiter entlang der ganzen Nordküste. Ein abenteuerliches Vergnügen! So geht man halt zurück. Und hat auf wenig beschwerliche Weise wieder ein Stück des wilden Nordens kennengelernt.

Barrancos zwischen wucherndem Grün: Der zerteilte Landsockel im Inselnorden.

4 Durch das nordwestliche Mittelgebirge

Santo Domingo de Garafía – Ermita San Antonio – Parque Cultural La Zarza – Sto. Domingo

Karte: B/C 2

mittel

17 km

4 ½ Std.

↑700 m ↓700 m

ja

Tourencharakter: auf Fahrwegen durch die mediterran anmutende Mittelgebirgsterrasse im Nordwesten.
Beste Jahreszeit: Februar bis Juni.
Ausgangs- und Endpunkt: Sto. Domingo Plaza; P im Ortsgebiet.
Markierung: gelb.
Verkehrsanbindung: Bus Linie 5 von Los Llanos.
Einkehr: Rest. und Bars in Sto. Domingo.

Man nennt sie Guanchen, die Ureinwohner der Kanarischen Inseln. Geblieben von ihnen sind nur einzelne Funde, vor allem Felsgravierungen, die an vielen Stellen der Insel zu sehen sind. Die Bedeutung der Zeichen freilich bleibt rätselhaft. Eine der bedeutendsten Fundstellen liegt im Nordwesten La Palmas. Von verständigen Menschen lange gefordert, ist sie heute mit finanzieller Hilfe der Europäischen Union als → **Parque Cultural La Zarza** eingezäunt und nur nach Lösen der Eintrittskarte im Centro de Visitantes tagsüber zu betreten. Entdeckungen auf eigene Faust sind ausgesperrt, dafür bekommt der zahlende Besucher bei der Führung auch alle Fundstellen zu sehen. Die miserable Zufahrt auf dem Nordküstenfahrweg ist einer Prachtstraße gewichen. Den Kulturpark für sich kann also jeder per Auto erreichen. Warum aber nicht den Besuch mit einer Wanderung verbinden? Die

4

Landschaft stimmt auf das Kulturerbe besser ein als jede noch so gute Erläuterung.
Zum Kulturzentrum der Guanchenspuren führt ein Ausflug durch den Nordwesten der Insel. Eine ungemein reizvolle Gegend, die sich von der steilen Felsküste in eine langsam zuwachsende Mittelgebirgslandschaft aufschwingt. Die anrührende Ursprünglichkeit dieses uralten Kulturlandes unterliegt, wie überall auf der Insel, gegenwärtig einem Wandel: Erdpisten und neue Straßenbauten ersetzen das alte Wegenetz. So geht es leider auch bei der hier empfohlenen Wanderroute nicht ohne Asphalt ab.

Im nördlichen Mittelgebirge verwahrlosen viele der kubischen Kanarenhäuschen.

Wegverlauf

Sto. Domingo ist eine locker verstreute Siedlung am Hochufer über dem Meer, einst von Portugesen besiedelt. Ein entlegenes Nest auf einem Landzipfel, von dem der Blick nur die Weite des Ozeans streift. Eine große, eindrucksvolle zweischiffige Kirche, eine kleinstädtische Plaza. Von hier zuerst nach Osten zum tiefen Graben des **Barranco de la Luz.** An seinem westlichen Rande steigt die **Calle Anselmo Perez de Brito** an. Steil geht es aufwärts und vorbei am ersten links abzweigenden Weg (der führt durch den Barranco nach El Palmar, siehe **Wanderung 3**). Stellenweise lugt aus dem Asphalt noch das Mosaik des alten Bruchsteinpflasters hervor.
Kurz vor dem Ende des sorgfältig geschlichteten Steinmusters quert eine neuere Erdstraße fast eben den Barranco. Deutlich befahren leitet sie mit ein bißchen Steigung und wieder Höhenverlust zu den obersten Häuschen von **Casas del Jural.** Typische Wohnstätten einheimischer Palmeros, kubisch, wie immer aus vulkanischen Quadern gefügt. Daneben ganz vereinzelt noch Drachenbäume, die urweltartigen Liliengewächse der Kanaren mit verdrehten Stämmen und büschelartig nach oben strebenden Ästen.
Klapperdürre Hunde vermelden durch lautes Kläffen auch aus den Feldern ihr häusliches Revier. In den Weiler Casas del Jural muß man nicht hinein! Knapp oberhalb wendet sich der Fahrweg in einem Rechtsbogen dem letzten Gehöft zu und steigt in einiger Entfernung an ihm vorbei in leichten Kehren die Hangflanke an. Eine rechts über bewirtschafteten Terrassenstreifen abzweigende Fahrspur läßt man unbeachtet. Weiterhin fahrbar geht die Erdpiste die Gehängefalten

4

aus, zieht um einen Graben herum und gewinnt schließlich einen Rücken, auf dem sie emporzieht. Der niedere Buschwald am Wegrand gibt wieder und wieder anregende Blicke frei auf Sto. Domingo, auf die Küste und auf das Meer.

Im Busch links abseits des Weges eine äußerst schlichte Behausung. Wiederum Hunde und freundliche Palmeros. Mit wie wenig kann man auf dieser Insel doch zufrieden und glücklich sein! Wenn man nur Wasser hat, Ziegen, oder gar Kühe. Was der fruchtbare Boden in einer solchen Hochmulde hergibt, reicht zum Leben. Und der unvermeidliche Pick-up für die Landbewirtschaftung steht vor dem Hühnerställchen. Den Gockel stört der Dieselduft nicht.

An Weiden vorbei schlägt die Piste zwei Haken. Kühe im Freien, ein Hohlweg. Dann überrascht der Wiesenplan vor der **Ermita San Antonio**. Das dürftige Wallfahrtskirchlein entbehrt freilich jeglicher Sehenswürdigkeit. Vor 100 Jahren abgebrannt, begann der simple Ersatzbau bereits wieder zu verkommen; noch vor wenigen Jahren lag hier Abfall hinter Ruinen. Durch die neu für den jährlichen Viehmarkt und seine große Fiesta errichteten Gebäude wirkt die Anlage jetzt aufgeräumter. Freilich fehlt der durch solche Bauwerke verzierten und aus dem natürlichen Zusammenhang herausgeschnittenen Fläche der leicht verkommene Charme von ehedem.

Zur Ermita führen übrigens noch andere Wege. Und jeder La Palma-Kenner hält den seinen für den schönsten. Mit gutem Recht! Einer davon, der übliche, verlief allerdings über den Straßenasphalt hinauf zur neuen Küstenstraße. War das eine Plage! Diess Schlußstück konnte das Erlebnis der eindruckvollen Wanderung vermiesen. Jetzt hat das insulare Umweltamt die Wanderroute querfeldein durch die Buschwildnis legen lassen. Markierung und zweifelsfreie Beschilderung werden bereits fertig sein, wenn dieser Führer erscheint. Die Ursprünglichkeit dieses neuen Wegabschnitts wiegt auch den tristen Eindruck auf, den die breite plattgewalzten Ebene San Antonios hinterläßt.

Essen & Trinken

Kanarische Mahlzeit am Lande – von Mama gekocht

Im gastronomisch spärlich gesegneten Inselnorden genießt Bermegal in Garafía einen besonderen Ruf. Weiß Gott, warum wir bei Rückfahrten von dort stets im Kiosko Briesta hängengeblieben sind. Es liegt halt direkt an der Durchgangsstraße – und Mama kocht jederzeit und prompt gestandene La Palma-Hausmannskost. Und der in Kiefernholzfässern gekelterte (geharzte) Teawein ist garantiert ungepantscht aus der Umgebung.

Richtpunkt ist jetzt nicht mehr der in der letzten Auflage genannte »Neubau eines lang gestreckten ockegelben Hauses mit violett-rotem

4

Sonnen untergang bei Llano Negro.

Dach«. Die neue Route wendet sich vielmehr am Rande der Einfriedung des Fest- und Veranstaltungsplatzes ostwärts dem Rande des Barrancos zu, ohne in diesen abzusteigen. Sie erreicht den Parque Cultural auch nicht mehr durch das Tunnel unter der Carretera general, sondern sie überquert offen die Straße zum Eingang des Parks.

Eine kurze Rast am Brunnen gegenüber dem Kirchlein, dann schnell zum Wegweiser am Ende der Abschrankung. »La Zarza« – Das ist die richtige Route! Man genießt frischfröhlich den Anstieg durch die sanfte Hügelwelt. Ein feiner, alles durchdringender Duft liegt über dieser Landschaft, aus deren verwilderten Wiesenstreifen die Farbenpracht ungewohnter Blüten leuchtet.

Die Carretera general ist hier im Norden gottlob wenig befahren, die Straße zu überqueren bereitet keine Kopfschmerzen. Wegweiser, Parkplatz und das im-posante Bauwerk des Centro Visitantes des Parque Cultural La Zarza sind als Ziel ohnehin zu sehen. Das Besucherzentrum dient auch der Ausstellung und dem Verkauf einheimischer Produkte. Beim bezeichneten Rundgang zu den Felsbildern wird der Besucher in dieser abgelegenen Talmude auch ohne tieferes Interesse an den Spiralzeichen im Fels sicher etwas von der Stimmung dieser Kultstätte empfinden. Wurden nicht auch bei uns zu Vorzeiten von unseren keltischen Ahnen aus dem Fels rinnende Quellen verehrt?

Wenn nach dem Besuch die schwere Gittertüre ins Schloss schnappt, geht es wieder zurück durch die typisch palmerische und zumeist offene Mittelgebirgslandschaft.

Analoge Petroglyphen in Nordafrika, verwandte in Irland, der Bretagne – und in Mittelamerika! Einmalig auf den Kanaren sind die figürlichen Motive von La Zarzita.

5 Drachenbäume und Wohnhöhlen

Las Tricias – La Verada – Buracas –
Las Tricias

Karte: B 2

leicht

7 km

2 Std.

↓250 m
↑250 m

ja

Tourencharakter: Spaziergang durch eine exotische Hochuferlandschaft.
Beste Jahreszeit: Februar bis Juni.
Ausgangs- und Endpunkt: Las Tricias; erreichbar von der Carretera general Puntagorda – Hoya Grande im Nordwesten der Insel.
Markierung: rot.
Verkehrsanbindung: Bus Linie 5.
Einkehr: unterwegs keine.

Für gewöhnlich fährt man auf Ausflügen in den Nordwesten der Insel an der Abzweigung nach → **Las Tricias** vorbei. Dabei geht hier eine durchaus interessante Lokalstraße nach **Santo Domingo** ab, die eine bislang weniger besuchte Gegend erschließt. In dünn besiedelter Landschaft durchquert das neue Asphaltband die Barrancos und gewährt dabei wiederholt Ausblicke aufs Meer. Auch dieser vom Tourismus wenig beleckte Inselteil bietet naturgemäß kleinere Ausflüge zu Fuß. Eine der Möglichkeiten, hier zu spazieren, ist ein kurzer Abstecher in die Nähe der Wohnhöhlen von Buracas.

Wegverlauf

Nach der bezeichneten Abfahrt von der Kommerzialstraße, 3 km hinter der Tankstelle Puntagorda, zwängt man sich mit dem Wagen durch das Ortszentrum von **Las Tricias** hindurch. Dort wo unterhalb der geschlossenen Siedlung die Straße nach Sto. Domingo zum Rechtsbogen in den ersten Barranco ansetzt, läßt man irgendwo den Wagen stehen. Bei einem Neubau trifft man am Ortsende auf einen Pflasterweg, der durch offene Mandelbaumwiesen und Gärten bergab in Richtung auf das Meer führt. Kleine Anwesen am Wegrand, Gehöfte, Blumen, Blüten… Die Anwohner erwidern freundlich jeden Gruß.

Drachenbäume, Minifeldchen, Meer: stilles Land um Las Tricias.

Mal Fahrweg, mal Fußspur, vorbei an der **Casa blanca**, einem weißen Haus von eigenwilliger Architektur, hält sich die Route im Großen und Ganzen an einen gegen Nordwesten streichenden Rücken. Erst nach dem letzten der Häuschen von **La Verada** nähert sich die Spur dem

Durch Erosion angeschnittene Lavablasen: Die einst von Guanchen bewohnten Buracas-Höhlen.

Abbruch zum mächtig eingetieften **Barranco Izcagua**, der die Landschaft der Hochküste teilt.
Kurz nachdem gerade voraus die charakteristische Silhouette einer altertümlichen **Windmühle** vor der Meeresfläche zu sehen ist, quert von der rechten Landseite her eine breite Erdpiste, schlägt am Barranco-Rand einen Haken und wendet sich abwärts um den Windradbuckel herum. Hier nicht geradeaus weiter bergab, sondern eben nach rechts, wo verkommene Autowracks als ungebetene Randsteine fungieren. Sobald aus diesem schockierenden Rostmilieu ein Steinpfad bergab nach links entflieht, folge man dieser Verlockung in Richtung Meer. Ein Spaghettibündel von abwärts ziehenden Wasserrohren hilft bei der Orientierung. Auf den Steintritten dieses mit Mäuerchen eingefaßten Weges bleibt man zunächst. Und hier wird jeden das Staunen über-

5

kommen: Er erlebt ein La Palma fast wie im Märchen. Ein La Palma-Hochufer von gestern in Reinkultur.

Es wäre schon die Kraft eines Dichters nötig, um diese Bilder mit Worten zu malen. Die satten Farben, die exotischen Formen, die Gewächse, den Duft. Immer wieder diese Ausblicke aufs Meer! Mitten aus der verblüffenden subtropischen Kulisse. Sukkulenten und wildes, sparriges Buschwerk umringen das Gehege der Gärtchen, der Wiesenflecke mit ihren kaum mehr gepflegten Nutzbäumchen. Dazwischen vereinzelt die rot gedeckten palmerischen Knusperhäuschen – aus denen nur deutsche Laute zu hören sind. Besonders aber werden in dieser lässig gepflegten Wildnis die Drachenbäume das Interesse fesseln. Ein ungestört wachsender Hain dieser Urweltgestalten – hier ist man mitten drin.

Weiter bergab zieht der Pfad über diesen mit Ausblicken und begeisternden Bildern reich gesegneten Geländesporn, passiert die Gehäuse der alternativ lebenden Überwinterer. Schließlich schleichen sich im Gebüsch etwas verwachsene Spuren nach links, gleich aber wieder nach rechts hinunter in einen seichten Barranco. Seine jenseitig aufsteigende Flanke sieht in ihren felsigen Abbrüchen wie ausgefressen durch Löcher aus. Das war das **Wohnhöhlensystem der Guanchen**. In der nahen Vergangenheit hat es freilich weniger würdige Nachfahren beherbergt: eine Aussteigerkolonie. Die Guanchen sind ausgerottet, und die modernen Höhlenmenschen scheinen jetzt ausgeflogen zu sein. Vielleicht zu neuen Zielen. Wohin ihnen dann der Tourismus zweifellos postwendend folgen wird.

Petroglyphen der Ureinwohner bei den Buracas-Höhlen.

Leider endet der Märchenpfad an den Wohnhöhlen, die Brandung in der Izcagua-Barranco-Bucht in Sichtweite. Dazwischen jedoch grün bebuschte Felsabstürze, ohne Steig. Wer sich da nicht zur Umkehr entschließen mag, lebt vielleicht heute noch dort. Womöglich glücklich und in Frieden. Im Märchenland. Auch wir anderen, die wir wieder auf gleicher Route zurück und nach Hause müssen, könnten dort eines entdeckt haben: ein klitzekleines Zipfelchen vom natürlichen Paradies.

Spaziergang in Puntagordas Mittelgebirge

6

Las Briestas – Camino Insular – Camino La Rosa – Puntagorda

Karte: B 3

Tourencharakter: auf Fahrwegen durch reizvolles Bergbauernland, fernab vom Tourismus.
Beste Jahreszeit: Februar bis Mai.
Ausgangspunkt: Las Briestas.
Endpunkt: Küstenstraße LP-1 bei Puntagorda.
Markierung: teilweise, gelb.
Verkehrsanbindung: Bus Linie 5.
Einkehr: Kiosco Briesta.

leicht
9 km
2½ Std.
↑250 m ↓250 m
ja

Besonders in der Nordhälfte der Insel engt das radial stark zerschnittene Relief der Abhänge die Ausflugsmöglichkeiten auf schmale Sektoren ein. Tiefe, im weichen Vulkangestein eingefressene Gräben, die Barrancos, verweisen die Wanderaktivitäten meist auf die scharf voneinander getrennten Rücken. Die Rücken hinauf und dann wieder hinunter – ja! Sofern nicht eine Piste die Einschnitte mit ihren schwer überwindlichen Felswänden überbrückt, ist ein Wandern kreuz und quer ohne Hindernisse auf einem anderen Rückweg in unteren bis mittleren Lagen die Ausnahme.

Einer der nicht eben häufigen, etwas breiteren und sanfter modellierten Hangabschnitte liegt oberhalb → **Puntagorda**. Von der selbst schon auf etwa 800 Hm entlangziehenden Küstenstraße bis zum eigentlichen Aufschwung des Caldera-Kammes erstreckt sich da ein nur mittelmäßig geneigter Hang. Im unteren Gürtel liegen Gehöfte der Palmeros und ihre Gärtchen; nach obenhin schließen die Wirtschaftswiesen und Feldstreifen an, in die sich von der Cumbre her Waldpartien schieben. Eine Gegend, die an mediterrane Mittelgebir-

6

»Almen« im reizvollen Mittelgebirge über Puntagorda.

ge erinnert. Eine Landschaft voll Anmut, voll Aussicht. Eine Umgebung, in der man sich wohlfühlt.

Wegverlauf

An der noch nicht ausgebauten Kurvenstraße nach Hoya Grande liegt westlich des gleichnamigen, tief eingeschnittenen Barrancos an einer Abzweigung **Las Briestas**. Da gibt es nichts als den ebenerdigen Kiosco Briesta am Waldrand, ein empfehlenswertes, nicht zu übersehendes Restaurant. Rechts bergauf zweigt an der Wegtafel die Piste des ehedem so genannten **Camino Insular** ab. Zunächst geht es noch ein bißchen durch Kiefernwald, dann öffnen sich unterhalb Wiesenhänge. Im Grün fallen im Februar zahllose weißrosa Wölkchen blühender Mandelbäume auf und zwischen den Gräsern guckt neugierig lila Kanarenkrokus vor. In solchem »Naturpark« verstecken sich die putzigen Häuschen der Palmeros. Vor jedem der im Quadrat aneinandergebauten Steinkuben blüht eine Unmenge Topfblumen. Statt eines Zauns breiten sich drum herum stachelige Opuntien aus mit erntereifen Kakteenfrüchten.

Dahinter im Sonnenglanz das weite Meer. Wollte ich mich auf La Palma ansiedeln, ich glaube, ich würde es hier tun.

Leider wurde der Beginn des Camino jüngst geteert. Ein gelb markierter Steig umgeht mit etwas Hin und Her eine Strecke der Teerpiste. Bei einigen Almhütten steigt er zum Erdsträßchen auf. Das führt weiter durch diese kultivierte Landschaft vor dem Meereshorizont. Mandelhaine, Wiesenstreifen, Miniaturfeldchen, Reben und ein paar Steingebäude. Die Kleinbauern decken hier noch nach Altväterart ihren Eigenbedarf.

Puntagordas Mittelgebirge: Bilderbuchhafte palmerische Almlandschaft im Nordwesten.

6

Viel mehr als das, was da auf diesen Berghängen wächst, brauchen sie ohnehin nicht. Und alles andere wird sowieso importiert. Das kleinräumig wechselnde Landschaftsbild ist geblieben, geprägt von der Art und Lebensweise zahlloser Generationen der Inselbewohner. Heiter, offen, selbstverständlich mit Meerblick. Ein paradiesisches Wandergebiet ohne krasse Merkzeichen des Vulkanismus.

Die Straße kurvt in Tälchen hinein, schlingt sich um schmale Rücken. Mitunter reicht der Kanarenwald bis an die Piste. Dann wieder attraktive Aussicht über freie Flächen. Hin und wieder zweigt ein Feldweg ab, mal links, mal rechts zu vereinzelten unbewohnten Steinhütten. In den vergrasten Wagenspuren blühen Wiesenblumen. Stets bleibt man auf dem deutlich befahrenen Camino Insular in immer etwa gleicher Höhe.

Man sollte sich auf diesem so leicht zu gehenden Weg häufig umsehen – und rasten. Wir haben das auch getan. Und den Duft der Insel tief eingeatmet. Tief durchatmen, abschalten! Allen Ballast der Gesellschaft und alle kritisch-bösen Gedanken abwerfen. Gleichsam Beine und Seele baumeln lassen in einer begnadeten Landschaft. Wenigstens für diese paar Stunden.

Tälchen und Hangfalten – das Schauspiel wiederholt sich. Gruppen alter Mandelbäume, aus Stein gemauerte Wirtschaftshütten in Almwiesen. Mal auch von Buschwerk eingesäumt, geht es weiter auf der Piste. Unten bleibt der Hügel Tricias mit seiner Antennenanlage zurück.

Im Februar blühen die Mandelbäume.

Nach mehr als einer Stunde überschreitet der Weg auf Brücken den **Barranco Izcaqua**. Und irgendwann geht dann markiert ein uriger Pflasterweg nach unten ab. Zunächst noch durch herrliches Wiesengelände mit einzelnen Hütten und Baumgruppen, dringt er sodann in lichten Kiefernwald ein und schlängelt sich darin stetig abwärts. Kiefern, Zistrosen, Geißklee, am Wegrand wiederholt Schilder »Camino La Rosa«. Serpentinen der Piste La Rosa lassen sich auf Wegspuren abkürzen.

Weit unten weist ein Schild zum **Centro Naturaleza La Rosa** hin. Wer aber der dezenten gelben Markierung folgt, steht plötzlich auf der Inselstraße der **Carretera general**. Ende des Ausflugs durch die unbekannte, gar nicht fremd-exotische Seite La Palmas, fernab vom Tourismus.

7 Entdeckungsausflug am Ortsrand von El Paso

El Paso – Barranco de Tenisque – La Fajana
El Paso
Karte: D 5/6

leicht
4 km
1 Std.
↓100 m ↑100 m
ja

Tourencharakter: in einen sanften Barranco und durch die Wiesen zur Petroglyphen-Wand.
Beste Jahreszeit: Februar bis Juni.
Ausgangs- und Endpunkt: El Paso.
Markierung: keine.
Verkehrsanbindung: Bus Linie 3.
Einkehr: Restaurants in El Paso.

→ **El Paso** – ein Beispiel für einen kleinen Entdeckungsausflug. Unmittelbar am Rande des palmerischen Alltags. Zwei Stunden Zeit nach irgendwelchen Faulenzervergnügen. Nach Baden, Sonnen oder sonstwas. Vielleicht erst in den späten Nachmittagsstunden. Auch wir hatten den Tag erholsam vertrödelt; plötzlich erwachte der Wunsch, noch irgendwas zu unternehmen. Aber was? Richtig, da hatten wir doch von der Petroglyphen-Wand La Fajana gelesen. Ganz nahe an El Paso sollte sie sein, nur jenseits des kleinen Barranco de Tenisque. Und von archäologisch besonderem Wert.

Der erste hastige Anlauf vor Jahren war ein Fehlschlag. Er endete an aufgeschütteten Massen unter dem Schulareal. So fuhren wir also kreuz und quer durch den Ort El Paso auf der Suche nach dem rechten Ausgangspunkt. Nach etlichen vergeblichen Fragen wußte endlich jemand Bescheid: »Gleich gegenüber der Tankstelle in den Ort hinein (jetzt: beim großen Supermarkt), an der offenen Plaza vorbei, noch eine Kreuzung weiter und dann rechtwinklig links hinter dem ›Centro Sanitario‹ ab in die Calle verde Turrula!«

Hinter den letzten Häusern von El Paso beginnt kaum mehr genutztes Mittelgebirge.

Wegverlauf

Gesagt, getan. Der Wagen steht, die Schuhe wechseln. Und hinein in **El Paso**, in die besagte Straße, die sich inzwischen »**Camino el Verde**« nennt. Links geht ein Feldweg ab, geradeaus ein alter Pflasterweg, Steinmäuerchen trennen ihn vom Agrarland. Ganz alt-palmerisch sieht er aus – aber leitet er zur Petroglyphen-Wand? Es gibt keinen Zweifel mehr. Das alte Feldsteinpflaster führt zu einer Wegkehre und dann steil hinunter auf den Grund des flachen Klein-Barrancos. Schräg gegenüber ein **weißes Haus** mit Säulenveranda; Hausnummer 26. Daneben eine hohe Palme.

7

Vor dem Zugang zu diesem Haus führt ein offensichtlich angelegter Bewirtschaftungssteig nach rechts, also in Richtung Gebirge, und an einem Steinmäuerchen ein Stück aufwärts. Der häufig als Orientierungshilfe genannte **Wassertank** ist nur von oben sichtbar. Sobald kurz nach einer undeutlichen Verzweigung an dieser aufgeschlichteten Steinbegrenzung linker Hand ein Durchlaß zu entdecken ist, wandern wir nach links hinein zu einer Wiese mit Mandelbäumen. Ein schmaler, steiniger Pfad steigt im Anschluß empor durch Opuntien und andere Sukkulenten.

Und hier, nach gut 100m, steht man plötzlich vor einem mächtigen Stahlgitter. Untrügliches Zeichen für den Schutz einer für die Kulturgeschichte der Guanchen bedeutenden Fundstätte. Wir haben die **Petroglyphen-Wand La Fajana** gefunden. Die nicht sehr deutlichen Zeichen sollen einmalig auf den Kanaren sein: Sonnen- und Augen-Motiv erinnern nach La Palma-Kenner Reifenberger an »Steinreliefs des prähispanischen Mittel- und Südamerika«.

Mit etwa 50 Fundstellen gilt La Palma als Zentrum kanarischer Felsbildkunst.

Als Souvenir an diese eigentümlichen Ritzungen nehme man nur die Erinnerung mit und vielleicht ein Foto.

8 In die »Schmugglerbucht«

Tijarafe – Poris de Candelaria – Tijarafe

Karte: B 4

mittel

9 km

3½ Std.

↓650 m
↑650 m

ja

Tourencharakter: Straßenabstieg über einen Rücken und einen Steilabfall zu einer versteckten Bucht. Achtung bei Nässe in den Felsen knapp über dem Meer.

Beste Jahreszeit: Februar bis Mai.
Ausgangs- und Endpunkt: Tijarafe.
Markierung: keine.
Verkehrsanbindung: Bus Linie 5.
Einkehr: unterwegs keine.

»Piratenbucht« – »Schmugglerbucht«? Manche Fama will von Piraten wissen. Aber eignet sich die so kleine Bucht für Piratenschiffe? Ein Versteck gleichsam unter den Augen der Inselbewohner? Und wozu braucht eine Piratenzuflucht gleich drei breit ausgebaute Zugangswege, die sicher schon seit Jahrhunderten bestehen? Zahl und Art dieser Wege deuten viel eher auf den Transport von Waren hin, die man an den Augen der Behörden im Hafen von → **Santa Cruz** vorbei anzulanden gedachte.

Das ungelöste Geheimnis würzt gleichsam die besonders bei starker Sonne recht anstrengende Wanderung. Dabei wäre, vom Landschaftsbild her, dieser zusätzliche Impuls gar nicht notwendig. Die Tour führt nämlich die charakteristische Landschaftsform dieser besiedelten Hochufer wie einen Film vor Augen. 500 bis 600 m über dem Meer das Band der Siedlungen auf einer etwas verflachten Hangneigung – zwischen einschneidenden Barrancos steil hinabstreichende, landwirtschaftlich genutzte Höhenrücken – dann der Steilabbruch gegen das Meer, ohne Uferstreifen: Das ist typisch für La Palma! Leider wurde der Weg kürzlich zur Fahrstraße ausgebaut.

Wegverlauf

An der Durchgangsstraße in → **Tijarafe** gibt es einen SPAR-Laden. Unmittelbar daneben entschwindet eine steile Ortsstraße bergab. Noch im Ort passiert man das »Centro de Salud« sowie das beflaggte Gebäude der »Guardia Zivil«. Danach geht es noch um einen Grad steiler auf Asphalt bergab. Flachlandautomobilisten tun gut daran, ihren Wagen am Parkplatz neben dem **SPAR-Laden** abzustellen.

So mancher Wanderer keucht bergauf. Denn, wer um die neue Fahrmöglichkeit nicht weiß, ist zu Fuß unterwegs – Kenner benutzen den Wagen. Noch steiler und schmaler die Betonpiste bergab, vorbei am Laden von Tim Weber, der Duft- und Heilkräuter anbaut und die Essenzen verkauft. Und plötzlich wird es an der Einmündung einer Piste eben und breit.

Von hier senkt sich eine fulminante Asphaltstraße zwischen dem Barranco de Jurada und dem Barranco del Pueblo ohne jeden Schatten bergab. Talseitig eine Leitplanke, bergseitig ein Bananenfeld. Eine flachere Kehre, ein Hahn kräht empört. An der Hühnerzucht taucht die Straße abwärts in den Felshang. Nach den plastikbedeckten Bananenplantagen das umgestürzte Schild »Nur für Allradfahrzeuge«. Es hat ausgedient. Die Straße ist ein Beispiel, wie man heute Felsabbrüche zähmt.

Im einstigen Schmugglerversteck: Wochenendkolonie an der Felslagune.

In einer weiten flachen Kehre mündet von links ein Fahrweg ein, im Süden wie im Norden sind alte, gebaute Wege meerwärts zu sehen. Hier lassen meist selbst die Kenner ihr Fahrzeug stehen. Zwar führt das Asphaltband noch zwei Kehren weiter, doch der letzte Parkplatz am Straßenende ist wenig kommod. Spätestens hier muß jeder aussteigen und auf den guten Weg, der die letzten 50 Hm abwärts bewältigt.

Ein Barranco, versperrte Höhlen, Wasserfassungen. Vom Nordhang mündet eine alte befestigte Wegtrasse ein, vergrast und nicht mehr benutzt. Ein paar vom Regen ausgespülte Steinplatten, dann der **Candelaria-Weg** unter Felsüberhängen in eine weite Aushöhlung der Steilküste hinab. Im Hintergrund erscheinen Hütten, abenteuerlich unter den sich hinauswölbenden Fels »gepappt«. Fischerkaten, Wochenendhäuschen der Palmeros. Ein paar Stufen ins Wasser; bei ruhiger See (und nur dann!) pritscheln in der flachen Lagune der Bucht Badende, wie sie Gott geschaffen hat. Die filmreife Szene eines Abenteuerstreifens. Nur die verdächtigen Schmugglerboote fehlen. Der **Rückweg** hinauf ist eine schweißtreibende Angelegenheit.

9 Durch Pinienwälder zum versteckten Mirador

Tijarafe – Torre del Time – Tijarafe

Karte: B/6 4/5

anspr.

25 km

6 ½ Std.

↑ 600 m ↓1000 m

ja

Tourencharakter: lange Höhenwanderung auf Waldpiste zu grandiosem Aussichtspunkt.
Beste Jahreszeit: Februar bis Juni.
Ausgangspunkt: bergseitige Abzweigung eines Fahrweges nahe Kilometerstein 74 der Westküstenstraße nördlich von Tijarafe.
Endpunkt: 2½ km südlich Tijarafe an der Westküstenstraße (zurück mit Bus, Taxi oder 6 km auf der Straße).
Markierung: teilweise.
Einkehr: Café Mirador El Time

Wir hatten seinerzeit von ihm gelesen, vom Mirador El Time. Ein phantastischer Aussichtspunkt sollte das sein und ein Höhenweg oberhalb → **Tijarafe** zu ihm führen, der einen typischen Querschnitt durch die Pinienwaldformation an den Ansätzen der Barrancos bietet. Dazu noch Tiefblicke aufs Meer und viel fremdartiges Blühen. Heute wissen wir, es gibt ihn. Nur der Name ist hinabgerutscht zur Straßenkehre am Rücken des El Time. Zum Aussichtscafé, wo die Westküstenstraße aus dem bezaubernden → **Valle de Aridane** den Steilhang des → **Barranco de las Angustias** soeben überwunden hat. Nur ein altes Straßenschild hoch oben im Wald erinnert an diese seltsame Namenswanderung.

Wegverlauf

Dem Namen **Tijarafe** auf dem Ortsschild hört man die fremde, die berberische Herkunft an. Mit »Giraffe« hat er wohl nichts zu tun. Wir aber haben ab hier die Hälse lang gemacht wie Giraffen und nach den Kilometersteinen ausgeguckt. Tatsächlich: Da stand der Stein mit der verblaßten Aufschrift »74«. Das mittlerweile asphaltierte Sträßchen, das dort beim neuen Schild »Bodegas Noeste de la Palma« rechts abzweigt, läßt nichts von einem Höhenweg ahnen. Der Aufstieg ist eine sonnige Angelegenheit auf Teer. Indes: er bringt in Kehren zügig zur Höhe. Hühner an einzelnen Häuschen am Wegrand vermelden durch Gackern die Fremden. In den Weinbergen verkünden neue in den Fels gegrabene Kavernen bis hoch hinauf, daß auch auf La Palma die Zeit nicht bei den Bananenplantagen verharrt. Die Tage dieser subventionier-

Bauernland bei El Pinar zwischen Tijarafe und Torre del Time.

9

ten Wasserfresser und Bodenverderber sind wohl gezählt. Vorläufig zahlt noch die EU.

Ein Waldstück, danach läßt sich rechts auf steilem Karrenweg eine weit ausholende Straßenschleife abschneiden. Im Frühjahr blühen da überall Wildgladiolen, und der orangefarbene Mohn schmückt die verwilderten Wiesen unter den kaum mehr genutzten Mandelbäumen. Auf den terrassierten Hangen aber treiben jetzt die frisch geschnittenen Rebstöcke aus. Wieviel Schweiß mag die Bewirtschaftung dieser Abhänge kosten!

Am wasserzerfurchten Sträßchen, auf das man wieder trifft, weiter hinauf. Von links mündet die gelbe Markierung von »PR LP 10« ein. Dann unübersehbar ein behördliches Richtungsschild. Wirklich: »Mirador El Time« ist darauf zu lesen. Die nach rechts abzweigende Erdpiste wäre auch mit dem Auto befahrbar, aber das tut kein Tourist. So geht man hier ungestört und einsam zu Fuß einen ansetzenden Barranco nach dem anderen ab. Schreitet auf weichem Filzteppich aus Piniennadeln in die Schluchtgräben hinein.

»… die durch ausgedehnte Kiefernwälder vermittelten Eindrücke ersetzen … hier vermißte weiße Strände« (Günther Kunkel 1987).

9

Die Büschel dieser bis 30 cm langen Nadeln bilden das unverkennbare Merkmal der Kanarischen Kiefer *Pinus canariensis*. Mit diesen langen Fingern fängt der Baum Wasser aus der Seeluft ein. Der Umriß des Nadelbaums wechselt von wild verzweigten, an alte Zirben erinnernden Kronen bis zu säulenförmigen Flaschenbürsten.

Diese auffällig schlanke Form ist eine Folge häufiger Waldbrände, die der Baum durch Neuaustrieb am Stamm übersteht; die Äste freilich fallen der Vernichtung anheim. Leider herrschen vielfach die durch Brand deformierten Bäume vor. Das nach den Bränden nachwachsende junge und weiche Gebüsch aber kommt so manchem Ziegenhalter als Futter nicht ungelegen – von mutwilliger Brandstiftung aber weiß niemand zu berichten.

Nach längerer, nahezu ebener Marschstrecke neues Kulturland. Zwischen den weit hinaufziehenden Terrassenmäuerchen haben alte Nutzbäume wieder einen Platz am Licht und junge Rebstöcke winden sich zur Sonne. Die Tradition vergangener Geschlechter der Palmeros feiert mit neuem Pflanzmaterial fröhliche Urständ. Den alten Pinienwald beeindruckt dies nicht. Sein Harzduft überlagert die Gerüche der Rebflächen.

Zwei ansteigende Kehren, erste rot oder weiß blühende Zistrosenbüsche. Die Piste geht einen mächtigen Einschnitt unter dem Caldera-Kamm aus. Weit schweift der Blick über Felsstufen hinauf, wo die Silhouette der Kiefern in das Himmelsblau greift. Irgendwann zweigt rechts der einzige Fahrweg ab, der durch teils verlassene Gehöfte recht malerisch die tief unten liegende Küstenstraße erreicht.

Eben weiter schneidet der Feldweg in offene Hänge ein, die ebenfalls wieder unter Kultur genommen werden. Der stundenweite Begleiter, der Kiefernduft, verweht. Neue Rebstöcke wachsen auf alten Terrassen, bis hoch hinauf. Wein, nichts als Wein in den gerodeten Zistrosenfeldern. Da kann man nur sagen: Prost Gemeinde!

Lichter Kiefernwald nördlich des Torre del Time.

Nach einem letzten seichten Einschnitt unter der Kuppe der Hoya Grande geht's plötzlich nicht weiter. Ein Umkehrplatz, ein hoher Brandwachturm: der **→ Mirador (oder Torre) El Time**. Einige Schritte noch zum abschließenden Geländer: Der alte Mirador! (Admirar = bewundern, Mirador = Ort des Bewunderns). Wirklich der treffende Ausdruck für diesen Platz. Unmittelbar den tiefen Graben des **→ Barranco de las Angustias** zu

9

Füßen, streift der Blick die Westküste entlang. Man bestaunt den steilen Abfall des Vulkangebirges in die Meeresfluten. Welcher Kontrast zum flacheren, ja fast lieblichen Hang um → **El Paso** mit seinem Heer von Häuschen im Grünen! Und zur dichten Schar höherer Gebäude im Städtchen → **Los Llanos**. So man Glück hat, schaut man dann noch etwas hinein in den geheimnisvollen Kessel der → **Caldera de Taburiente**. Das Geländer schützt vor dem schwindelnden Abgrund; es hält die Landkarte dieser vielfältigen Eindrücke auf Distanz. Wer ganz hoch hinaus will, klettert lausbübisch zuletzt auch noch auf den Wachturm. Obwohl sich von hier aus La Palma als Gebirgsinsel präsentiert, sind älplerische Juchzer und Jodler am Mirador kaum angebracht.

Der Torre del Time.

Zum **Abstieg** verlockt ein zunächst eindeutiger Wirtschaftsweg. Der Markierung nach kann man sich auch wirklich durchfinden zur breiten Erdstraße, die den Hang auf halber Höhe durchzieht. Zur Küstenstraße hinunter unweit des Restaurants El Time ist es dann nur ein Katzensprung – aber: 6 Straßenkilometer von Tijarafe entfernt! Für empfehlenswerter halte ich deshalb, zur besagten Abzweigung des Fahrweges zurückzuwandern und dort zunächst durch lichten Wald und dann durchs Kulturland abzusteigen. Als Fahrweg miserabel, zum Wandern indes recht insel-romantisch.

Wo schließlich der Asphalt den Wanderer empfängt, muß man unbedingt die Straße nach rechts unter die Füße nehmen. Nach etlichen Kehren zuletzt in bebautem, bewohntem Gelände trifft man auf die Küstenstraße, nur 2 1/2 km vor **Tijarafe**. Glück hat, wer hier den Bus zurück zum km 74 erreicht. Sonst ist ein Taxi noch immer die bessere Wahl – im Vergleich zu 1 Std. Straßenmarsch. Dies, und zumeist auch der erste Sonnenbrand trotz Pinienwaldschatten, das sind die Wermutstropfen im langen Ausflugsgenuß zum glücklich aufgefundenen echten Mirador El Time. Den man zum guten Schluß der Eindeutigkeit halber so benennt, wie es die Palmeros heute tun: als Wachturm, als »Torre El Time«.

Variante: Die beschriebene Tour vermittelt zwar eindrucksvoll das Erlebnis Kanarenwald, meist wird aber heute die **kürzere Route** begangen, die in Tijarafe beim Richtungsschild »Torre del Time« abzweigt, 4 1/2 Std.

10 Durch die Angustias-Steilwand

Mirador El Time – Mirasoles –
Puerto de Tazacorte

Karte: B 5/6

leicht

4 km

1 ¼ Std.

↓550 m

ja

Tourencharakter: Steilabstieg auf Teerstraße und Camino real.
Beste Jahreszeit: Februar bis Mai.
Ausgangspunkt: Mirador El Time.
Endpunkt: Puerto de Tazacorte.
Markierung: rot.
Verkehrsanbindung: Bus Linie 5.
Einkehr: Puerto de Tazacorte.

Beispiele für »Königswege« gibt es in diesem Buch mehrere. Meist in nicht allzu schwierigem Gelände. Der hier beschriebene Steilabstieg aber läßt nacherleben, wie die alte Wegebautechnik auch mit einfachen Mitteln steilstes Gelände im Fels zu meistern verstand.

Wegverlauf

An der Kehre der Bergstraße aus dem → **Barranco de las Angustias** nach → **Tijarafe** hockt direkt am Aussichtspunkt → **Mirador El Time** das Café El Time. Unmittelbar rechts vom Gebäude taucht ein schmaler, geteerter Fahrweg ab und biegt nach links auf den schmalen Bergrücken ein. Von Rohrleitungen begleitet geht es auf dessen Schneide noch etwas steiler hinunter. Stets mit freier Aussicht.

An einer Villa weicht der Fahrweg in den Küstenhang ab und führt verlottert geradewegs zwischen die Zementmauern von **Bananenplantagen** hinein. An ihrem Ende schlingen sich steinige Fahrspuren durch den verwilderten Hang nach rechts und treffen auf eine betonierte Piste. Auf der Begrenzungsmauer findet sich ein weißer Kreis. Von Bananenplantagen eingeengt, führt das Betonband kräftig bergab zu einer breiten Asphaltstraße. Selbst wenn die Sonnenhitze die Aufmerksamkeit eingelullt haben sollte, wendet man sich hier wie von selbst abwärts, Kurs Süd, Richtung Barranco de las Angustias.

Links Wildnis, rechts Bananen – und keine Aussicht. Dann aber geht es zwischen herrschaftlichen Villen hinein, Prachtbauten und Luxusgärten wie an oberitalienischen Seen. Der neugierige Blick über die Hecken am Straßenrand verfängt sich im tief gestaffelten Grün dieser Parkanlagen. Eine Kehre nach rechts, weitere Nobelsitze. Knapp vor rechter Hand ungenutztem Bauland

Zu Füßen der Angustias-Steilwand liegt Puerto de Tazacorte.

10

kürzt links hinunter zwischen Maschendraht ein bescheidener Weg ab. Und plötzlich findet man sich auf einem geteerten Platz vor einem aufgelassenen Werksgebäude. Und sollte man die unauffällige Wegverzweigung übersehen haben, so führt auf dem Asphalt weiter eine Querstraße nach links zu eben diesem Umkehrplatz. Da ist das Villen- und Bananenland zu Ende, es beginnt das Erlebnis **Camino real**. Zunächst schlecht erkennbar, weil ausgewaschen, beginnt der Weg nach unten. Gleich nach wenigen Metern wird die Aussicht frei, und bald zeigt sich der tragtierbreite Weg auch eindeutig als in Stein aufgeschlichtet. Am Wegrand kippt der Felshang gleichsam weg ins Meer. Man schaut in einem Rutsch auf die Bucht von → **Tazacorte** hinunter – und fragt sich unwillkürlich: Wie soll's da weitergehen? Es geht. Sehr gut sogar. Ohne heikle Stellen zickzackt der gut befestigte Weg hin und her. Nur wer ausgesprochen schwindelanfällig ist, wird da seine Mühe haben. Man kann getrost stehenbleiben und die Schau auf den unteren Barranco de las Angustias, auf das Garten- und Stadtland des → **Valle de Aridane** und auf erhebliche Teile der Südwestküste genießen. Eigentlich viel zu schnell ist man wieder bei den Bananen, unten in → **Puerto de Tazacorte**, und an einer Wegegabel, wo man links gehen muß. Nach einem Stück Unrat-Parade fällt noch vor dem Kiosco Teneguía die Entscheidung, welche von den fast zehn Fischküchen man diesmal beehren will. Puerto Tazacorte – nicht ohne Fisch!

11 Spaziergang zum versteckten San Juan

El Llano del Jable – Vulkan San Juan –
El Llano del Jable

Karte: D 6/7

leicht

5–8 km

etwa 2–3 Std.

unerheblich

ja

Tourencharakter: kleiner Ausflug durch schwarzen Vulkansand.
Beste Jahreszeit: Februar bis Mai.
Ausgangs- und Endpunkt: Mirador Los Llanos del Jable an der ersten eindeutigen Linkskehre an der Straße nach El Pilar, Parkplatz.
Markierung: teilweise, gelb.
Einkehr: Restaurants in El Paso.

Spazieren gehen mit Kind und Kegel, sich die Füße vertreten in der Umgebung von → El Paso – da hat sich der Kurzausflug eingebürgert in die schwarzen Sander der »Jables«, ausgeblasen erst 1949 vom Birigoyu. Wer darin, um herumzubummeln, als Anreiz ein ausdrückliches Ziel braucht, nimmt sich als Vorwand den merkwürdigen »Vulkan« San Juan.

Wegverlauf

Nach kurzem Waldintermezzo windet sich die **Straße von El Paso** vor dem Schleifentunnel nach **El Pilar** am Hang durch offenes Gelände empor. An der ersten deutlichen Linkskehre geradeaus in das schwarze Sandfeld hinein! Nur ein Stück. Wie zum Empfang steht zur Rechten ein kleiner Vulkankegel, ebenmäßig, wie im Sandkasten geformt.

Auf den nackten Schlackenhängen dieser Montaña Quemada wurzeln wieder Kiefernbäume, im schwärzlichen Grus – Pioniere des Pflanzenlebens.

Schwarze Sandflächen von El Llano del Jable: Wanderziel für Familien.

Hinter dieser Eingangspforte dehnt sich eine seltsame Ebene aus. Sand, lauter schwarzer Sand, die Llanos del Jable. Ein eigenartiger Reiz liegt über diesen dunklen Flächen. Wie fein läßt sich's da herumspazieren, abseits der markierten Route. Man schlendert hinein zwischen fast unmerklich wellig schwingenden Oberflächenformen, entdeckt leise Farbnuancen. Und sollten Zweifel über seine Herkunft bestehen – da steckt Vulkanismus dahinter!

Hat man die Landschaft kreuz und quer durchstreift, steigt man hinauf bis zur obersten Linkskehre der Teerstraße vor Pilar. Hier schleicht beim »**Mirador Los Llanos del Jable**« mit dem bildschönen Ausblick ein Sträßchen knapp oberhalb der eigentümlichen Sandfelder in den Wald hinein – Kiefern-

11

wald, wie überall. Fahr- und Reitspuren im Schatten der Nadelkronen zeigen uns den Weg.

Zuerst sieht man sich erstaunt um: Wo aber ist denn da der Vulkan? Doch richtig, knapp unterhalb der Forstpiste klafft nach mehreren hundert Metern im Hang ein aufgeborstener Schrund. Aus ihm zieht ein wüster Graben hinunter ins Kulturland. Wären seine Felsflanken nicht so schwarz, so verbrannt, man könnte meinen, in einen der ausgetrockneten Wildbachgräben der Alpen zu sehen. Hier jedoch hat der **Vulkan San Juan**, dieser merkwürdige Heilige, Feuer mitten aus der Bergflanke gespuckt und Lava zur Küste hinuntergeschickt – 1949 war das, ausgerechnet an seinem Festtag. Ein Vulkan diesmal ohne den gewohnten Ausbruchskegel. Auf La Palma kann man lernen, wie unterschiedlich vulkanische Landschaftsformen sind.

Den zur Zeit gottlob fehlenden Feuerzauber aber ersetzt zu Ende des Spaziergangs das tägliche Finale: Feurig rot versinkt die Abendsonne in den zarten Wolkenschichten über dem Meer. Mit Vulkanismus hat das freilich nichts mehr zu tun.

El Llano del Jable: schwarzer Auswurf feinkörniger Lapilli, aufgeschüttet vom Vulkan Birigoyo.

12 Wilder Barranco mitten im Lorbeerwald

Los Tilos – Barranco del Agua – Los Tilos

Karte: E 2/3

mittel

2 km

1 Std.

unerheblich

ja

Tourencharakter: völlig weglos auf Blockwerk hinein in eine Felsenklamm mit triefendem Urwald des UNESCO-Biosphären-Schutzgebiets.
Beste Jahreszeit: Februar bis Juni.

Ausgangs- und Endpunkt: Infozentrum Los Tiles, auf Stichstraße durch Barranco del Agua von der Ostküstenstraße.
Markierung: keine.
Einkehr: Restaurant Los Tilos.

Als »lebende Paläo-Flora« bezeichnen Fachleute den Lorbeerwald, den »laurel« oder »Laurisilva«. Diese dichte und dunkle Waldgemeinschaft ist eine makronesische Besonderheit. Sie bewahrt eine im Tertiär im Gebiet um das heutige Mittelmeer ehedem weit verbreitete Waldformation. Einstmals bedeckte er in den Höhen zwischen 500 und 1000 m die feuchten Nordlagen aller Kanarischen Inseln wie auch die Madeiras. Der eindrucksvollste, relativ ursprüngliche Restbestand blieb im Nordosten La Palmas in der Nähe von → **Los Sauces** erhalten. Die UNESCO hat dieses Schluchtgebiet daher mit gutem Grund als »Reserva de Biosféra« ausgewiesen.

Das Florenbild des Lorbeerwaldes erinnert an tropische Bergwälder. Immergrüne Bäume mit schlanken Stämmen entfalten in 30 m Höhe ein geschlossenes Kronendach. Lianenartige Klettergewächse, eine kräftige, blühende Strauchschicht, mannshohe Kräuter und Blumenlichtungen verstärken das Erlebnis Nebelurwald. In das Schutzgebiet

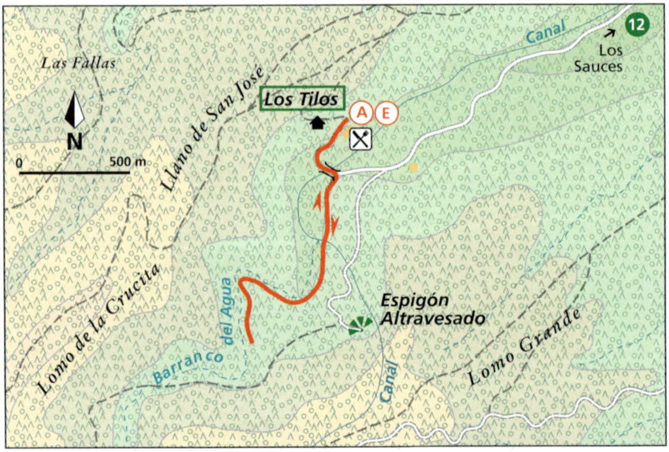

12

→ **Los Tilos** mit dem größten Bestand an Lorbeerarten führt diese Wanderung.
Der Autofahrer fährt Los Tilos direkt auf einer Stichstraße an. Wer auf den auf der Ostuferroute verkehrenden Bus der Linie 11 oder 12 angewiesen ist, muß leider von der Kehre im Barranco 2,5 km aufsteigen.
Der anschließende urtumliche Abschnitt des → **Barranco del Agua** selbst ist eine besonders eindrucksvolle Schlucht. Freilich vermag nicht jeder das völlig weglose Blockwerk im Schluchtgrund zu bewältigen. Bei Hochwasser oder Niederschlägen verzichte man zur eigenen Sicherheit auf jede Begehung.

Wegverlauf

Kurz vor der Gaststätte **Los Tilos** wechselt die Asphaltstraße über eine Brücke auf die Nordseite des **Barranco del Agua**. Parkplätze sind in der Nähe. Zwischen Brückengeländer und Hang kann man von der Straße her eine betonierte Wasserfuhre betreten. An ihr wandert man ein Stück weit entlang, bis bequem ins Barranco-Bett abzusteigen ist. Danach beginnt ein wegloses Krabbeln über Felsbrocken und Geröll. Hoch ragen die Schluchtwände auf, mal als düstere Felsklamm, mal als V-förmig eingesägter Einschnitt. Überall tropft es, rieselt es. Mächtige Farne und Efeustricke hängen von oben in die feuchte Tiefe herab, eine wuchernde Vorsatzkulisse überzieht den Fels. Man fühlt sich hineinversetzt in einen Abenteuerfilm, der im tropischen Nebelurwald spielt. Wo lauern da die Indianer mit den Giftpfeilen? Nein, die Guanchen waren friedfertige Menschen. Die Konquistadoren haben sie dennoch gefangen und als Sklaven verkauft.

Besucherzentrum Los Tiles: Information über den Lorbeerurwald, multimedial – auf spanisch.

Spätestens nach der dritten, auf eingehauenen Kerben überwindbaren Felsstufe muß jeder aufgeben. Aus dem Barranco-Grund führt nach oben kein Ausweg hinaus.
Zurück also nach **Los Tilos**, zurück zum Info-Zentrum für das UNESCO-Reserva de la Biosfera. Hier gibt es gratis die informative Einführungsschau für den Lorbeerurwald und das ganze, mehr als 13 000 ha umfassende neue Schutzgebiet Los Tiles, mit allen multimedialen Tricks.
Variante: Kombinationsmöglichkeit mit Tour 11.

13 Vom Lorbeerwald zu den Bananenplantagen

Los Tilos – Mirador de las Barandas – Los Sauces
Karte: E/F 2

leicht
6 km
2½ Std.
↑270 m ↓450 m
ja

Tourencharakter: aus der Schluchtlandschaft des Biosphärenreservats auf steilem Bergweg zum Mirador und auf Piste hinab ins Bananenstädtchen.
Beste Jahreszeit: Februar bis Juni.
Ausgangspunkt: Info-Zentrum Los Tiles, auf Stichstraße durch den Barranco del Agua von der Ostküstenstraße.
Endpunkt: Los Sauces.
Markierung: teilweise, gelb.
Einkehr: unterwegs keine.

Das Biosphären-Abenteuer am Barranco-Grund (siehe **Wanderung 11**) reicht vielen Wanderern nicht. Und auch das interessante Info-Zentrum Los Tiles vermag trotz eingehenden Studiums der leider nur spanischen Texte die Wanderneugier nicht zu stillen. In palmerisches Leben vor und um die Gastwirtschaft einzutauchen mag Aufschluß über die Freizeitlebensweise der Einheimischen geben, der wißbegierige Gast aber möchte das Naturschutzgebiet mit seinem ungemein zerklüfteten Relief auch von oben sehen. Aus der Enge der Schluchten also hinauf zum Tiefblick in die Barranco-Wildnis! Der ausgebaute Pfad zum Mirador de las Barandas macht's möglich. Und so wird er zum Abschluß der Exkursion → **Barranco del Agua** auch gerne benutzt. Für pure Ausflügler ist der Steilaufstieg allerdings nichts.

Wegverlauf

Gleich hinter dem **Info-Gebäude Los Tiles** im nachempfundenen Kanarenstil zeigt ein Wegweiser am Rande der Miniparkfläche aufwärts. Da klettert ein schmaler Steig steil und etwas mühsam durch den dichten Lorbeerhochwald empor. Am Kamm schließlich ein Mirador, ein mit Geländern eingefaßter **Aussichtspunkt** zwischen Kanarenkiefern; wilde Geranien umranden die Tische und Bänke. Das schattige Plätzchen schenkt eine Übersicht über das Gebiet um → **Los Tilos** und über erhebliche Teile des Biosphären-Schutzgebiets Los Tiles. Wo man auch den Blick bergwärts wendet, überall begrenzen steile Waldkulissen die urtümliche Schluchtlandschaft. In der Gegenrichtung das Gegenstück: die Sicht auf das weiße Häusergewürfel von → **Los Sauces**, dahinter das weite, verblauende Meer. La Palmas typischer Nordosten.

Den von diesem **Mirador de las Barandas** sacht absteigenden Ziehweg sollte man bald auf breiter Erdpiste nach links verlassen. Da läßt sich der Übergang vom Lorbeerwald in die Brezal-Feyal-Zone exemplarisch studieren. Dieser übermannshohe Buschwald aus Erikabäumen, gemischt mit Makronesischem Gagelbaum und Stechpalmen, wird zur Stangengewinnung für den Bananenanbau genutzt. Höher oben an der Piste gelegene Schlagflächen gestatten dann auch einen interessanten Überblick über diesen Teil der Insel.

»Indianerpfad« zum Mirador, steil aber ungefährlich.

Tatendurstige gehen da nicht auf der gleichen Route nach Los Tilos zurück. Sie wählen vielmehr den knieschonenden Abstieg auf der Forststraße hinunter in das Bananenstädtchen **Los Sauces**, der sich an den Geländerücken hält. Hin und wieder gestattet der Waldmantel anregende Ausblicke, und richtig steil wird es erst nach den Gartenterrassen in der Ortschaft. An einer Gabelung der abschüssigen Ortsstraße halte man sich halb rechts direkt auf den Hauptplatz und die Kirche zu. Abschließend erspart eine **Taxifahrt** von Los Sauces die Asphalttreterei nach **Los Tilos** zurück.

Ende der anschaulichen Exkursion durch die Vegetationsstufen der Insel mit ihren zahlreichen endemischen Arten. Kluge Leute haben es ausgezählt: 27 Prozent der hier anzutreffenden Gewächse sind dem europäischen Urlauber fremd. Ein Grund mehr für den exotischen Reiz La Palmas, der grünen »Isla bonita«.

Variante: Kurzwanderung nur bis zum **Mirador de las Barandas** und nach **Los Tilos** zurück, 1 1/2 Std.; empfehlenswert!

14 Montes de Canal y Los Tilos

Los Tilos – Pista Montes de Canal y Los Tilos – Espigón Atravesado – Los Tilos

Karte: E/F 2/3

leicht

6 km

2 Std.

↑300 m
↓300 m

ja

Tourencharakter: leichter Anstieg durch Lorbeerwald, toller Einblick in die Waldschluchten eines grandiosen Barranco-Systems.
Beste Jahreszeit: Februar bis Juni.
Ausgangs- und Endpunkt: Abzweig der Forstpiste Montes de Canal y Los Tilos, P ca. 0,5 km vor Los Tilos.
Markierung: gelb.
Einkehr: Restaurant Los Tilos.

Eigentlich wollten wir uns vor einem Jahrzehnt diesen Ausflug sparen. Nach dem eindrucksvollen Trip → **Barranco del Agua** (siehe **Wanderung 12**) und Mirador de las Barandas (siehe **Wanderung 13**) – was sollte da ein Spaziergang auf der Forstpiste noch bringen? So verlockend erschien uns der in den dichten Waldhang ansteigende Fahrweg nicht. Erst durch unsere auf der Insel ansässigen Wanderfreunde ließen wir uns zum Besuch überreden. Sie hatten mit ihrer nachdrücklichen Empfehlung recht.

Wegverlauf

Der Zugang zu diesem Abenteuer erfolgt vom Bergsträßchen nach → **Los Tilos**. Rund ½ km vor der Brücke zum Ausflugsrestaurant zweigt eine Forstpiste ab; in der Nähe einige Abstellmöglichkeiten für den Wagen. An der Tafel mit dem Namen **»Montes de Canal y Los Tilos«** könnte sich jeder Fremde denken: Diese Kanalberge, dieser dichte Urwaldverhau – nichts für mich! Kaum etwas deutet auf ein hier verstecktes, interessantes Wandererlebnis hin. Inzwischen hat es sich herumgesprochen: Der Forstweg lohnt! Sogar für Oma, Opa und Enkel.

Hinter der Absperrkette steigt eine ausnahmsweise steile Forststraße in den Hang an. Gut, einige fremdartige Gewächse im Fels des angeschnittenen Hanges. Aber sonst? Bald kommt die erste Überraschung: ein lustiger Tunnel. Hohl hallt der Schritt, geblendet strebt man dem Viereck des Tageslichts am anderen Ende zu. Und siehe da: dahinter ein sauberer Forstgarten, rabattenartige Pflanzungen von irgendeinem freundlichen Gehölz.

Dann hält der nur selten befahrene Weg Einzug in das lichte Dämmer des Lorbeerwaldes. Das charakteristische Gewirr krummbeiniger Stämme in Augenhöhe, darüber ein geschlossenes Kronendach. Vier immergrüne Lorbeerarten, die unsereiner doch nicht auseinanderkennt. Durch mehr als ein Dutzend anderer Gehölzeinsprengsel wird

14

einem dies auch nicht leichter gemacht. Nicht einmal einen richtigen deutschen Namen haben sie, diese giftigen Avocado-Verwandten *viñatigo*, das »Kanarische Ebenholz« *barbusano*, und wie sie sonst noch heißen mögen. Sie alle hält die Wissenschaft für Überbleibsel aus dem erdgeschichtlichen Tertiär. Und selbst die dazwischen wachsenden Ilex-Arten, diese Stechhülsengewächse, sehen gar nicht aus, wie wir sie aus unseren Schluchten kennen.

Auch wenn die Bäume unbekannt sind – dem Reiz dieser grünenden Waldgemeinschaft darf man sich bedenkenlos überlassen. Gefährliches Getier gibt es hier nicht. Insgesamt ist die Wildfauna der Insel nicht gerade artenreich. Die palmerische Eidechse mit ihren blauen Seitenflecken sowie der kleine Gecko bevorzugen Gestein in der Sonne, die gern bejagten Massen der Wildkaninchen das Buschland. Die meisten Festland-Säugetiere haben den Sprung auf die Insel nicht geschafft. Erfreuen kann sich der Wanderer hingegen an einer Anzahl schöner Schmetterlinge; der Monarch ist davon wohl der größte. Eine gewisse Artenvielfalt verrät auch der Gesang der Vögel, besonders vor Sonnenuntergang. Mancher Ruf erinnert an unsere Vogelwelt, die Sänger aber gehören meist inseltypischen Arten an. Und, wenn dann im Schatten des Blätterdachs unsichtbar Flügelschlag klatscht, so ist dies bestimmt kein Birkhuhn. Man hat die seltene Lorbeertaube aufgescheucht, deren Lebensraum immer mehr schwindet.

Der anspruchsvolle Weiterweg zu den Quellen Marcos y Corderos und zum Canal ist ein Ziel nur für Bergspezialisten!

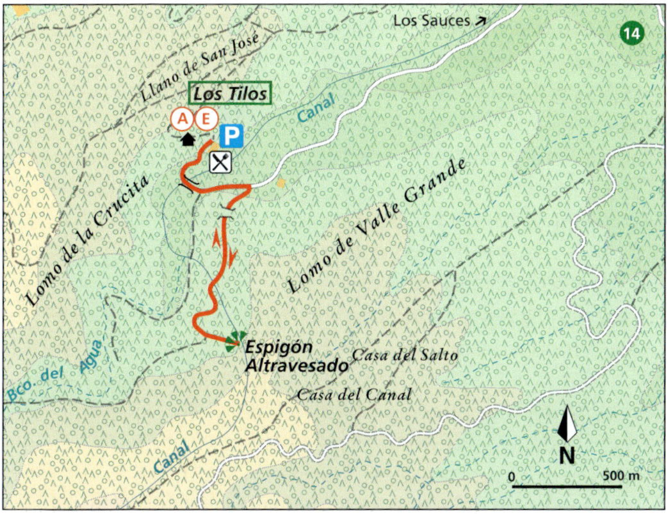

14

In diesen Stunden wird man gewiß zum Bewunderer dieses »laurel«, den Botaniker als eine der eindrucksvollsten und damit schützenswertesten Waldtypen der Welt bezeichnen. Auf La Palma gibt es das noch. Hier im Biosphärenreservat der UNESCO. Eine Lichtung mit Wasserhaus, dann einige Kehren, teils Hohlweg, teils aufgeschlichtet. In den Hohlwegstrecken nach dem Wasserschloß ist der Fahrweg auch manchmal verstürzt, ein wenig Klettern über die Massen notwendig.

Längst hat man die Orientierung in der komplizierten Topographie verloren, den unverkennbaren Weg indes nicht. Irgendwann landet man schließlich auf einem Stück ausgeschürfter Pistenverbreiterung. Es wird licht – nur zu sehen ist von der Barranco-Umgebung wenig. Man könnte nun den Fahrweg weiter verfolgen. Als solcher endet er bald; Fortsetzung bildet der anspruchsvolle Steig zu den Quellen Marcos y Corderos. Strikt abzuraten ist von verfallenen Jägersteigen, die gelegentlich in den Dschungel des Steilwaldes eindringen.

Ein Blick über die wilde Schluchtenlandschaft Monte Canal y Los Tilos.

Was man hingegen unbedingt sollte: sich am Umkehrplatz genau umsehen. An dieser Verbreiterung taucht ein Steig in den Wald ein. Obacht: nicht in Marschrichtung, nein, nach Nordwesten! Also fast genau entgegengesetzt zu dem Aufstieg auf dem zuletzt zurückgelegten Stück Fahrweg. Hinter Lorbeerbäumen überraschen Trittstufen, auch mal ein Geländer. Es ist ein Kamm, den man begeht, eine in die Schlucht wie ein aufgestelltes Brett hineingeschobene Kulisse.

Wie schmal dies Gebilde ist, merkt man, wenn man plötzlich entlang einer Felsschneide auf einem gesicherten Steig emporklimmt. Empor ins Freie. Zu einem Mirador? Nun, zuhöchst auf der luftigen Plattform des **Espigón Atraversado** befindet sich zwar nur ein meteorologischer Meßpunkt. Indes, der Blick von hier oben in den Barranco raubt den Atem.

Auf den oberen Stufen liegt unter den Füßen das Schluchtensystem ausgebreitet, überhöht von den begrenzenden Kämmen. Exemplarisch, ein Lehrstück! Man steht inmitten eines leibhaftigen Schaureliefs. Aus halber Höhe erfaßt man die Oberflächengestalt eines Barrancos, der, sich verästelnd, den Nordhang der Cumbre zersägt.

Der seltsame Cubo

15

Galga-Straßentunnel – Cubo de la Galga – Galga-Straßentunnel

Karte: F 3

Tourencharakter: kurzer Ausflug in einen vielgepriesenen Talschluß.
Beste Jahreszeit: Februar bis Juni.
Ausgangs- und Endpunkt: Pistenabzweig bei LP-1 (km 19 der Ostuferstraße, Richtung Nord).
Verkehrsanbindung: Bus Linie 11.
Markierung: sehr spärlich.
Einkehr: unterwegs keine.

leicht
6 km
2 Std.
↑250 m ↓250 m
ja

Der eigentümliche Name »La Galga« wird wohl manchem deutschen Wanderer auffallen. Vorstellen kann er sich darunter nichts. Der Ruf dieses in Reiseführern gepriesenen Talschlusses dürfte freilich für viele ein Anlaß sein, den so gelobten Cubo zu besichtigen. Um von vornherein Enttäuschungen für Wandernde auszuschließen: Solange der Steig entlang des Wasserkanals durch den Steilabfall des Lomo Pinero trotz neuer Wegtafel nicht wiederhergestellt ist, wird der einzig verbleibende Fahrweg in den Barranco de la Galga hinein nur diejenigen zufriedenstellen, die das Wandern in einem engen Tal lieben.
Ja, wäre der Kanalweg noch für jedermann gangbar, so würde vielleicht am oft empfohlenen Rundkurs von La Galga nur das unvermeidliche Stück Asphalt am Lomo Pinero und schließlich noch der knappe Kilometer Rückweg auf der stark befahrenen Küstenstraße ein wenig stören. Die vordem gebräuchliche Route war recht abwechslungsreich; im Steilabfall entlang der Wasserrohrleitung entbehrt sie

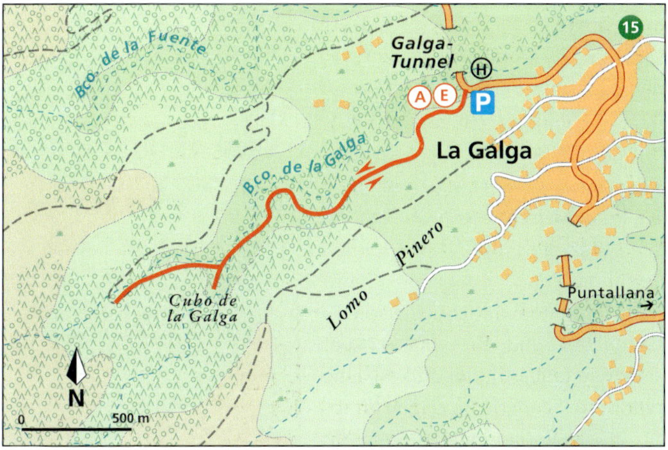

15

nicht einer gewissen Pikanterie. Heute freilich ist dieser verwachsene und beschädigte Steig nicht ohne Gefahr zu begehen. Die meisten, die ihn versuchen, kehren um.

Man lasse sich bei der Anfahrt nicht von einem Richtungsschild »Cubo de la Galga« zum Abzweigen verleiten. Diese gut ausgebaute Stichstraße auf den Lomo Pinero führt nicht in den Cubo! Auch nicht zu einem Mirador mit Einblick in den Talschluß. Sondern eben zum Beginn jenes heiklen und nicht ungefährlichen Abenteuers.

Essen & Trinken

Fisch mit Rosenblättern im Schatten der Jahrhunderte

Palmen vor der altersgrauen Kirchenwand, rundum Fassaden bejahrter Patrizierhäuser. Aus den Parkrabatten fallen Rosenblätter auf die Speisetische vor dem einzigen Restaurant. Ein kanarisches Märchen. Nirgends schmeckt der fangfrische Fisch so gut wie auf der Plaza der Miniaturstadt San Andrés. Jahrhunderte hat sie verträumt. Immer, wenn wir im Nordosten der Insel sind – dieses Fischrestaurant steht auf unserer Speisekarte!

Wegverlauf

Nein, den Ausgangspunkt des **Fahrweges in den Galga-Barranco** kann man nicht übersehen, wenn man weiter auf der Küstenstraße bleibt. Kurz vor dem **Tunnel hinter La Galga** geht bei Kilometer 19 linker Hand eine Fahrspur von der Staatsstraße ab, überquert das trockene Bachbett – und führt mitten durch Abraumhäufen. Schnell weiter! Aber nicht ganz bis in den Talschluß. Dies überlasse man den Palmeros auf der beliebten sonntäglichen Picknicktour. Man stellt irgendwo den Wagen ab und nimmt den Fahrweg unter die Füße. Nur so kann man die Eindrücke des schmal und tief eingeschnittenen Bachtales auch wirklich genießen.

Efeu wuchert im Lorbeerurwald.

Sieht man nicht genau hin, dann erinnern die Wanderbilder am Fahrweg an manches südliche Voralpental. Hier ein sonniger freier Abschnitt, da eine kleine Felswand. Blockwerk im ausgetrockneten Bach, dazwischen überall schattiges Laubwerk auf abenteuerlich verschraubten, gebogenen Stämmen, Kanarenwinden, glänzende Efeublätter und Brombeerranken, stark wie Taue. Allerlei Blühen. Eine pittoreske Szenerie, Vorlagen für romantische Radierungen.

»San Andrés: Karibischer Traum …« (H.-P. Koch u. I. Börjes 1990).

Tatsächlich, ein malerisches Gebirgstal im Lorbeerwald. Viel Schatten auf diesem gemütlich bergauf zu begehenden Weg. Der gemächliche Marsch durch das an Wochentagen noch verträumte Waldtal fördert die Erlebnissubstanz dieser Landschaft ans Sonnenlicht. Und der Talschluß, der Cubo? Ein von den abschließenden Felspartien eingezwängter, steil ansteigender Waldwinkel mit dem Viadukt einer Wasserleitung. Finster, beengt.

Doch ist dieses abrupte Wegende wirklich der berühmte Cubo? Die Antwort bleibt die amtliche Karte schuldig. Manche meinen, der **Cubo de la Galga** läge knapp nördlich in einem kleinen Seitentälchen am Rückweg vom wenig sympathischen Rastplatz: erster Fahrweg links und wieder rechts. Also auf, auch da hinein! Tatsächlich öffnet sich hier ein lichtes Talende mit niederem Buschwerk. Das Oval aus Waldkämmen und Wandstufen ist gewiß einen Besuch wert. Ein harmonisch komponierter Einblick bietet sich da in die Falten des Waldmantels. Kein Rastplatz, kein Müll. Freilich auch Spuren menschlicher Anwesenheit: Reste von Stahl und Beton von irgendwelcher wirtschaftlicher Nutzung. Wer den Ursachen nachspürt, kommt an technisch aufwendige Wasserfassungen. Die Unschuld ist leider auch hier dahin.

Cubo de Galga: Mitten hinein in den Lorbeerwald.

Welches Talende von beiden nun der Cubo ist? Lassen wir alle zwei als solchen gelten. Man suche beide in ihrer Gegensätzlichkeit auf. Der Kontrapunkt des freundlicheren Endes mag dann mit der etwas düsteren Angelegenheit »Cubo« doch noch versöhnen. Schließlich hat man dabei auch La Palmas Lorbeerwald in weiteren Variationen erlebt.

Anmerkung, nur für erfahrene Bergwanderer: Durch die Öffnung im Viadukt der Wasserleitung führt ein zunächst kaum kenntlicher Steig endlos die Montes empor. Verschwiegene Lichtungen, Waldwiesen, Blicke in die tief eingesägte Klamm... Leicht sind die Wegreste nicht zu finden und leider auch an kritischen Stellen abgerutscht. Wer sich darüber hinwegmogeln kann und die Spur im wuchernden Grün nicht verliert, wird durch urige Eindrücke belohnt.

16 La Cumbrecita: Miradores für jedermann

La Cumbrecita – Mirador de las Chozas – Mirador Los Roques – La Cumbrecita

Karte: D 4/5

leicht

3 km

1 ½ Std.

↓130 m ↑130 m

ja

Tourencharakter: kurzer und müheloser Fußmarsch durch Bergwald zu Aussichtspunkten über die Caldera.
Beste Jahreszeit: ganzjährig.

Ausgangs- und Endpunkt: Parkplatz La Cumbrecita, erreichbar auf Regionalstraße von El Paso.
Einkehr: El Paso.

→ **La Cumbrecita** – historischer Boden. Hier haben die spanischen Invasoren den im Kampf unbesiegten Guanchenfürst Tanausú mit seinen Begleitern am Morgen des 3. Mai anno 1493 durch Hinterlist gefangengenommen. Wer heute von der Carretera general, östlich von → **El Paso** her, durch Parklandschaft und Pinienwald auf gutem Sträßchen die Paßhöhe von La Cumbrecita ansteuert, merkt freilich nichts von der blutigen Geschichte der Conquista. Heute ist vielmehr Natur angesagt; so liegt an der Anfahrt im Tal die Schule der Natur, El Richuelo, Unterkunft für geführte Naturschutzgruppen.

Nach munterer Bergaufkurverei weist einen vor dem Info-Häuschen ein Wärter der Nationalparkverwaltung auf dem knappen Parkplatz am Scheiderücken ein. Das Einparken ist hier zwar ungefährlich, jedoch nicht immer einfach. Und wer zu spät kommt, hat das Nachsehen.

Das erste, was auf La Cumbrecita auffällt: keine Aussicht vom Sattel, der tiefsten Stelle im Cumbre-Kamm. Nur die Ahnung, daß von da irgendwo was zu sehen sein muß. Das zweite sind die Fußgänger, die sich nach Norden und Süden bewegen. Ihr nördlicher Bewegungsdrang endet sehr schnell unter aufragenden Wänden; Vorposten: ein riesiger Felszahn hoch über der Paßschneide. Die Orientierungstafel mit Kartenskizze des Parque Nacional verzeichnet zwar einen Steig von La Cumbrecita in die Caldera, sagt aber nichts darüber

16

aus, daß dieser in die Felsen gegrabene Pfad schon Todesopfer gefordert hat. Grund: Überschätzung der eigenen Fähigkeiten auf diesem überaus langen Felsenweg. Erfahrenen Bergwanderern bietet er freilich ein großartiges Caldera-Erlebnis und einen reichen Eindruck vom Pflanzenleben im Felsgebiet.

Gepflegte Wege von Mirador zu Mirador.

Wegverlauf

Vom Parkplatz **La Cumbrecita** aus zieht nach Südwesten eine breite und sanfte Piste wie ein Magnet die Mehrzahl der Besucher an. Nach Studium des einweisenden Informationsschildes setzen sie sich auf diesem vorgegebenen Auslauf in Marsch. Grüppchenweise zieht alles auf der ausgeschobenen Trasse durch die Hangfalten des **Pico Bejenado** entlang. Nur an den sieben Lehrtafeln bleiben viele stehen. Denn neuerdings ist dieser Weg zum aufschlußreichen naturkundlichen **Lehrpfad** ausgestaltet worden.

Viele schließen auf dieser Piste erstmals Bekanntschaft mit den steilen vulkanischen Waldhängen. Daß sie tief hinabschießen, irgendwohin nach unten, spürt man, merkt man. Wie es aber dort drunten aussieht verbirgt der Kiefernbestand, der tief gestaffelt die nadelbedeckten Hänge emporklettert. Zwischen den Pinienwipfeln geistert hier und da ein Stück ferner Caldera-Fels durch, manchmal auch das kantige Haupt des Bejenado.

In einer der Einbuchtungen erblickt man schließlich einen Geländesporn, einen »lomo«, auf dem offensichtlich der Ausflug zu Ende ist. Es wird zusehends lichter im Wald, neugierig schiebt der »lomo« sei-

16

Überwältigender Blick auf die Calderawände vom Mirador Los Roques.

ne Nase aus dem grünen Pelz heraus. Da – mit Holzgeländer säuberlich abgesichert ein angelegter Aussichtspunkt, ein Mirador: der **Mirador de las Chozas**. Und hier entrollt sich mit einem Mal beinahe der ganze Prospekt des Felsenzirkus rund um die Caldera. Braungrauer Stein, zerrissen, wie abgestürzt. Eine gewaltige Wandflucht, gebändert, gestreift, über dem leicht gewellten oberen Rand der Felsen das knallige Blau des Atlantikhimmels. Ein Postkartenmotiv. Das Postkartenmotiv von La Palma. Ich gestehe, auch ich habe diese Karten an meine Freunde verschickt. Denn ich kenne kaum einen anderen leicht erreichbaren Fotostandpunkt, der eindrucksvoller die ganze Wucht der Gebirgsinsel La Palma spiegeln würde.

Wer sich traut, wählt nach gebührender Bewunderung der Caldera-Wände für den Rückweg eine andere Route. Den Fußsteig nämlich, der kurz vor dem Mirador in den Hang unterhalb der Piste hineinzieht. Schmal, jedoch gut gebahnt ist von da der steile Bergwald viel unmittelbarer zu erleben als von der parallelen Piste aus. Auf zierlichen Brückchen überquert der gegrabene Pfad einige seichte Wassergräben, knickt um kleine Hangkanten und endet an einem zweiten Aussichtspunkt, am **Mirador Los Roques**. Von dort ist es nur mehr ein steiles Stück hinauf zur Orientierungstafel auf der Paßhöhe. Empor zu den Ausflüglergrüppchen mit Oma, Opa und Enkel, die gerade auf der bequemen Trasse zum Auto zurückkehren vom Schauerlebnis Caldera. Las Chozas allein ist tatsächlich ein toller Mirador – für jedermann.

Caldera-Panorama vom Pico Bejenado

17

El Barrial (Pista de Valencia) – Los Rodeos –
Pico Bejenado – El Barrial
Karte: D 5

Tourencharakter: Auf angelegtem Steig steil auf freien Gipfel mit Einblick in die Tiefe der Caldera und auf das Panorama der Bergumrahmung.
Beste Jahreszeit: Februar bis Juni.
Ausgangs- und Endpunkt: Parken an Erdpiste über Valencia bei Nationalpark-Tafel nach Rechtskehre auf etwa 1150 m.
Markierung: gelb.
Einkehr: El Paso.

mittel

12 km

4 Std.

↑700 m
↓700 m

Verständlich, daß der Bergwanderer auch auf La Palma freistehende Gipfel sucht. Es gibt da einen schönen: den Pico Bejenado, 1857 m hoch. Er steht wie ein eigens geschaffener Aussichtsturm mitten zwischen den Flanken der hufeisenförmigen Caldera-Umrahmung. Der gebotene Ausblick entspricht voll der solitären Lage. Zur Erleichterung aller Gipfelanwärter hat die Nationalparkbehörde einen Gipfelsteig angelegt. So wird die Bergtour gewiß niemanden enttäuschen; es sei denn, daß der Dampf aus der Caldera oder die Wolkenhaube des Passats jede Sicht raubt.

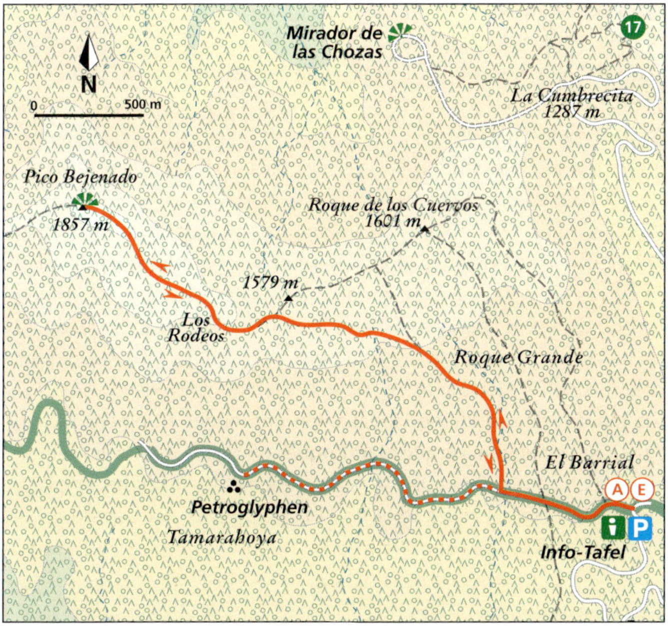

17

Am östlichen Ortsrand von → **El Paso** biegt man vor dem des Nationalpark-Besucherzentrum von der Hauptstraße → **Santa Cruz** – → **Los Llanos** beim Richtungsschild »Cumbrecita« nach Norden in diese Asphaltstraße ein. Kurz nach der Abzweigung »Virgen del Pino« geht es nach links ab Richtung »Valencia«. Hier weist auch eine erste Tafel auf den Bejenado hin. Die anfangs noch asphaltierte Straße quält sich schließlich bei El Barrial als wasserzerfurchte Piste am Hang entlang. Nach ihrer Rechtswendung überrascht wieder ein Stück Asphalt. Nicht lange danach erscheint dann linker Hand eine Übersichtstafel über das Nationalparkgebiet mit Informationen zum Sendero Bejenado. Platz zum Parken gibt es am Rande der Piste.

Wegverlauf

Die Bergwanderschuhe angezogen und los geht's: links auf dem vergrasten Karrenweg, mitten durch die zuwachsende Pracht aufgegebener Mandelgärten auf dem **Sendero Bejenado**. Sobald man bei Steinmännchen eine Erdpiste erreicht, marschiert man wieder nach links und fast eben durch den Kiefernwald. Immer der ausgeschürften Trasse nach – durch abzweigende Ziehwege und alte Steigspuren darf man sich nicht irritieren lassen. Hin und wieder schaut der sanfte Hang um El Paso oder der Kammverlauf der → **Cumbre Nueva** und **Vieja** zwischen den Kiefern hindurch.

Schließlich stößt man auf die Grenze des **Parque Nacional** → **Caldera de Taburiente** und damit auf die unübersehbare Informationstafel mit eingezeichnetem Wegverlauf und Wegprofil. Da liest man dann, was man tun und lassen soll. Man sollte sich die Verhaltensregeln merken, denn man ist Gast in einem großen Naturschutzgebiet.

Nun kann man den Weg nicht mehr verfehlen. Zwar täuscht der erste Anstieg nach der Info-Tafel ungewöhnliche Steilheit vor, doch keine Sorge – schon bald beginnt der sorgfältig angelegte Steig, der sich mit jeder künstlichen Weganlage in unseren Alpen messen kann. Würden rundum nicht gelb blühende Hornkleeflächen Farbtupfer auf den mit braunem Filz alter Piniennadeln überzogenen Boden aufsetzen, der Gang durch den abgebrannten Pinienwald wäre trist. Schon treiben überall wieder frische grüne Nadelschöpfe aus der verkohlten, groben Borke. Und der Klee setzt seine eigene Duftmarke zwischen den Harzgeruch. Nicht nur die Schwärme spielender Falter nehmen ihn gerne auf. Bald zickzackt der gegrabene Steig am Waldrücken empor. Bei **Los Rodeos** gewinnt er die Kammhöhe und damit einen ersten

Die spanischen Geologen meinen: Der Bejenado ist Schuld am Entstehen der Caldera de Taburiente.

17

Aussichtsgipfel am Eingang zur Caldera: Der Pico Bejenado (rechts im Bild).

Tiefblick in Teile der Caldera. So man Glück hat, führen die Passatwolken gegenüber das Schauspiel ihres »Wasserfalls« vor, der über die Cumbre Nueva herabfällt wie die Föhnmauer am Alpenhauptkamm. Eine imposante Wetterlaune dieser an Naturwundern so reichen Insel.

Nun wird's alpiner: Herausgepickelt oder aufgeschlichtet windet sich der Steig den Hang empor. Steilgras, kleine Felsabsätze unterbrechen den lichten Bergwald. Zwischen den Pinienstämmen wechseln die Durchblicke auf das → **Valle de Aridane**. Eine kurze Schleife durch den Felsabbruch zur Caldera, dann leitet der verschmälerte Kamm wie eine Brücke auf den Aussichtsgipfel des **Bejenado** hinauf. Direkt über den tiefen grünen Gründen der Caldera.

Winzig nur erkennt man bei der Gipfelrast den heiligen Felsen Idafe, die Campingfläche Acampado und darüber die unzähligen Schluchten, die hinaufziehen zur Felsumrahmung vom → **Pico de la Nieve** über den → **Roque de los Muchachos** bis zur Somada Alta. Ein wunderbarer Aussichtsplatz! Rundum gerade so viel Luft, daß man sich auf einem echten Gipfel fühlt. Der Blick auf die Ebene → **El Paso** – → **Los Llanos** verbindet unmittelbar mit der tief unten liegenden bewohnten Welt. Der Welt der Palmeros, der Ferien-Bungalows und der Residenzen betuchter deutscher La Palma-Freunde. Darüber aber lockt im Süden die »Vulkan-Route« zu neuen Ferienabenteuern. Das erste echte und doch so leicht gewonnene Bergwandererlebnis auf La Palma! Nicht nur die Fotos erinnern an diesen gelungenen Tag.

Variante: An der Orientierungstafel auf der Waldpiste, vor dem endgültigen Aufstieg, knapp 1 km weiter zu einer Rechtskurve und unterhalb zu den Petroglyphen von **Tamarahoya**, 1/2 Std.

18 In den Kessel der Caldera

Barranco de las Angustias – Dos Aguas – Playa de Taburiente – Barranco de las Angustias
Karte: C/D 4/5

anspr.

16 km

7 ½ bis 8 Std.

↑700 m ↓700 m

Tourencharakter: Wild durch den Barranco, anschließend auf mitunter heiklem Steig durch die grüne Schluchtlandschaft. Achtung: bei Regen Flutgefahr im Barranco!
Beste Jahreszeit: Februar bis Juni.
Ausgangs- und Endpunkt: P am Bachbett des Barranco de las Angustias (von Los Llanos aus über den Vorort Los Barros auf unbefestigter Straße anfahrbar).
Einkehr: Unterwegs keine.

→ **Barranco de las Angustias** – Tal der Todesängste! Todesängste steht heute wohl niemand mehr aus. Aber der Wagen rumpelt und stößt beängstigend auf der miserablen Straße hinunter in den Barranco-Grund. Doch jeder Kleinwagen schafft es, und zudem stimmt das Manövrieren hin und her über Wassergräben im Straßenverlauf ein wenig ein auf die Tour. Dennoch ist wohl jeder froh, wenn er das Auto noch vor der Furt neben anderen Fahrzeugen parken kann.

Wegverlauf

Am Grund des **Barranco de las Angustias** weisen Trampelspuren im Uferkies die Schlucht aufwärts. Sie winden sich mit wechselnder Deutlichkeit um Steinblöcke, Rinnsale und Pfützen herum, überqueren Wasserläufe und überwinden grobblockiges Geschiebe. Wild und felsdurchsetzt steigen aus dem Bachbett die zerklüfteten Bergflanken empor, durch die sich hoch oben betonierte Wasserfuhren ziehen. Einst mußte man auf ihnen entlangbalancieren. Und hat dabei sogar die seltenen rot blühenden Hauswurzgewächse des *Aeonium nobile* entdeckt.

Unterwasser erstarrte Kissenlava der geologischen Basalformation.

Unbarmherzig brennt die südliche Sonne in den tiefen V-Einschnitt hinein. Gelegentlich schnüren sich die Wände auch klammartig zusammen und spenden in ausgewaschenen Felsnischen Schatten und Kühle. Ganze Palmero-Familien feiern unter solch steinernen Sonnenmarkisen an Wochenenden lebhafte und ausgedehnte Grillfeste.

Plötzlich schließt ein wunderliches Felsentor die Klamm, ein kühner, fast filigraner Bogen. Darunter scheint die Tour an einem wasserüberronnenen Wandabsatz zu enden. Doch, da rechts – sind das

18

nicht Tritte? Auf anfangs undeutlichen Spuren umgeht tatsächlich ein Steig im Osthang diese Barriere. Üppig quillt überall sonnenfestes Sukkulentengesträuch zwischen den Steinblöcken hervor.

Ein Zwischenspiel führt die ungeheuerlich eingeprägte Schluchtlandschaft auch einmal aus gehobener Perspektive vor. Nur kurz ist dieses Vergnügen. An einer vermeintlichen Wegegabel, die irreführen kann, senkt sich der Steig dann nach links wieder hinunter ins Flußbett. Wenn nicht gewaltige Schuttmassen nach der Winterregenzeit den Barranco-Grund gründlich verändert haben!

Eine erste künstliche Sperre läßt sich linksseitig leicht über gut gestuften Fels überwinden. Zur Abwechslung ein paar Meter Klettern, was tut das schon! Die folgende Betonmauer wird sodann auf einer luftigen Brücke überschritten. Der anschließende, von Felswänden gebildete Saal mit Geröllparkett entpuppt sich als akustisches Labyrinth. Der Ariadnefaden menschlicher Laute hallt dumpf durch den steinernen Gang, lange bevor jemand zu sehen ist. Dann ein »Ola«, ein kur-

»… hat man stets von der großen Caldera von Palma wie von einem Naturwunder geredet … denn dies ist es, was die Insel … zu einem der merkwürdigsten und belehrendsten des Oceans macht« (Leopold von Buch 1824).

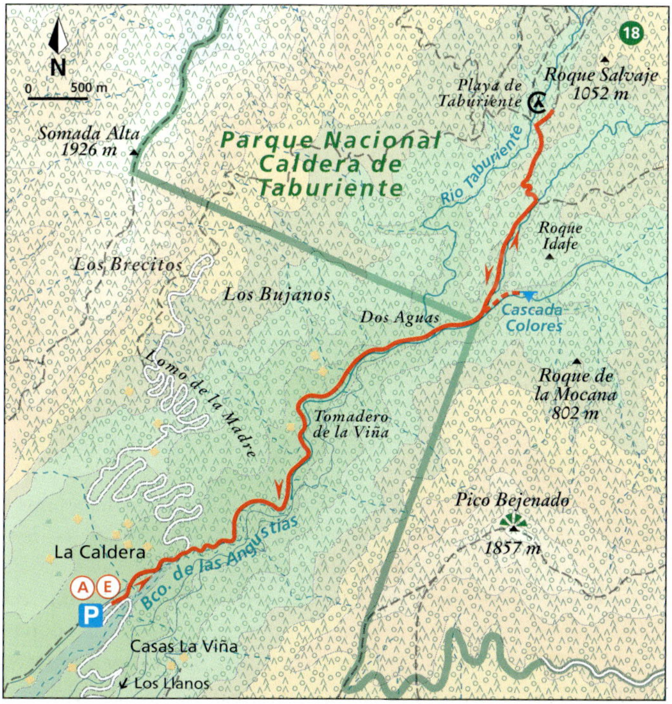

18

zer Gruß begegnender spanischer Wandergruppen. Viel Jugend ist unterwegs. Hoch aufgepackt mit Biwakzeug und Gitarre. Denn Nationalparks sind schließlich in España zum Wandern und Campieren da. Nach der eindrucksvollen Route durch die Klamm steigen alte Wegfragmente in die Steilhänge hinein. Man darf sich durch solche Reste nicht irremachen lassen: immer im oder nahe dem Talboden bleiben! Auch wenn im Wildbachgeschiebe kaum mehr Spuren zu sehen sind. Erst ab **Dos Aguas**, einer geräumigen Talweitung am Zusammenfluß zweier Bäche, beginnt der angelegte Steig. Der entscheidende Punkt kündigt sich rechter Hand durch eine Betontreppe zu verwilderten Gartenterrassen an. Die gelben Früchte japanischer Mispeln können Rastende zum Naschen verleiten. Was schmeckt denn schon besser als Früchte aus Nachbars Garten?

Genau vis-à-vis am Westufer steigt eine Wegspur ein Stück weit an – und trifft nach kurzem auf das Hindernis eines zuweilen recht kräftigen Flußlaufes. Das ist die unverkennbare Schluchtweitung des Zusammenflusses Dos Aguas! Wie zum Hohn steht jenseits des Wassers die Hinweistafel »Lugar de Acampada«, das Richtungsschild zum Campinggelände inmitten des von der spanischen Naturschutzbehörde betreuten **Nationalparks** **→ Caldera de Taburiente**.

Den Fluß hier trockenen Fußes zu überqueren bildet zuweilen ein eigenes Abenteuer. Von der Wegtafel aus ist dann der in die steilen Hänge hineingebaute Steig nicht mehr zu verfehlen. Er schwingt sich schnell aus dem Barranco-Bett empor, fällt und steigt wieder an, ohne das Bachbett zu berühren. Abseits liegt hier der »Rote Wasserfall« – das Wasser von Eisensalzen verfärbt. Im Zickzack klettert der Pfad durch die mit Pinien bestandene Schluchtflanke. Manchmal gleicht er zwar mehr ausgetrockneten Wasserrinnen, aber erfahrene Bergwanderer lassen sich durch scheinbare Abkürzer nicht ablenken, denn diese führen ins Nirgendwo.

Geschickt mogelt sich die Weganlage durch die begehbaren Abschnitte der felsdurchsetzten Hänge. Auch gegenüber stülpt sich das Gelände um die eingerissenen Schluchten steil empor. Als unübersehbare Landmarke ragt dazwischen die Felssäule des heiligen Monolithen **→ Idafe** auf, ein unverkennbares Phallussymbol, an dem die Guanchen geopfert haben sollen. Das Bild dieser engräumigen Landschaft hat etwas Unwirkliches an sich. Man ist an eine auf Abenteuerlichkeit komponierte Bühne erinnert, auf der nun das Schauspiel »Die Räuber« beginnen wird.

Keine Spur von Räubern. Eine Kehre noch, eine kaum merkliche Rückfallkuppe mit interessantem Einblick in den Schluchtverlauf, dann steht man urplötzlich auf einer wunderschönen kanarischen Bergwiese. Mit Hinweisschildern auf die Grenzen der Campingmöglichkeit. Ein kurzer Hang senkt sich zum Flußbett hinab, drunten Geschiebe, rauschendes Wasser, Geröll. Zahlreiche Tische und Bänke, kleine Terrassen und leider jetzt auch Baulichkeiten. Dieser Kontrapunkt zur Schluchtenwanderung stört in einer urtümlichen Landschaft im breiten Wildbachkessel, den niemand hier oben vermutet.

Sie erinnert ein wenig an die südlichen Alpen im Frühling, diese **Playa de Taburiente**. Weidengebüsch am Bachlauf, hier als kanarische Varietät, vom ebenen Boden brandet strotzendes Grün an Felsköpfen empor. Es macht auch nicht halt vor den umschließenden Wänden des gewaltigen Amphitheaters. Bis hoch auf die Kanten der Steilflanken stürmen Kanarenkiefern hinauf. Und nur ganz oben, unter dem Himmel, hat der schwarzbraune Fels den grünen Pelz abgeschüttelt.

Kurzer, lohnender Abstecher zur Cascada Colorada: ockerfarbige Abdrucke von Händen, die zurvor ins eisenhaltige Wasser getaucht worden sind.

Das Acampado dient, wie zu vermuten, als Ausgangspunkt für etliche Wanderungen. Leider enden sie unter den begrenzenden Wänden der Caldera. Bis auf einen, der durch den Fels zu → **La Cumbrecita** führt. Insgesamt ist das weglose Steilgelände im Parkgebiet Naturschutzsperrzone. Verschlossen auch für Bergsteiger, die in den brüchigen Felsen ohnehin kein Kletterland finden.

Wer hier in der Playa nicht biwakieren will, um die Umgebung zu erforschen, muß auf dem **Herweg zurück**. Denn der bequemere »exit« über Los Brecitos zieht einen unangenehm langen Straßenhatsch nach sich – oder möglicherweise langes Warten auf das sporadisch verkehrende geländegängige Taxi. Der Barranco hingegen bietet auch abwärts viele interessante Landschaftsbilder. Ist man wirklich diese Strecke hinaufgegangen?

Variante: Rückweg nach Los Brecitos, Rückfahrt zum Pkw im Barranco, 6 1/2 Std.

19 Barrancos und stiebende Wasser

Los Brecitos – Playa de Taburiente – Mirador de la Fondada – Los Brecitos

Karte: C/D 4

anspr.

17 km

6 Std.

↓700 m ↑700 m

Tourencharakter: Ausflug im Nationalpark Caldera de Taburiente auf unterhaltenen Steigen von Los Brecitos aus. Von der Playa an mitunter heikel.
Beste Jahreszeit: März bis Juni.

Ausgangs- und Endpunkt: Los Brecitos, Anfahrt aus dem Barranco de las Angustias mit geländegängigem Spezialtaxi (wenn nicht unterwegs, Standplatz am Bachbett).
Einkehr: unterwegs keine.

Ohne Zweifel: Das Naturschaustück der → **Caldera de Taburiente** mit ihrem Nationalpark ist die größte landschaftliche Attraktion der Insel. Obwohl in Privatbesitz, steht fast das ganze Gebiet der Caldera seit 1954 als Parque Nacional unter Naturschutz: ein riesiger Kessel mit einem Durchmesser von 8 km und 1500 m Tiefe. Die kaum zugängliche Zone von 23 km umschließender Wände sollte von Fremden nicht betreten werden. Für die Besucher hat die zuständige Parkbehörde al-

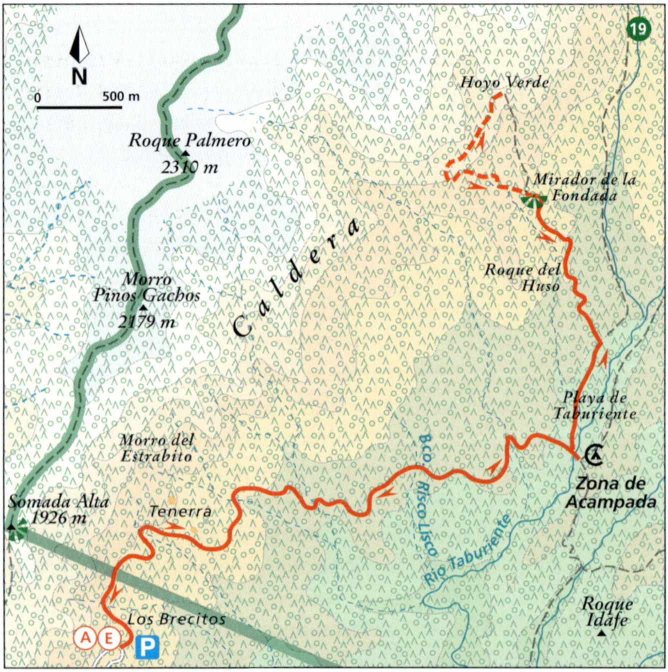

lerdings nicht nur das Campinggelände an der Playa de Taburiente eingerichtet, sondern von dort aus auch einige Stichwege angelegt. Ein Ausflug auf diesen Routen vermittelt markante Eindrücke von der Eigenart dieses großartigen Nationalparks. Auf seinen Besuch stimmt das Informationszentrum an der östlichen Einfahrt von **→ El Paso** ein. Dort gibt es auch die Genehmigung für das Zelten sowie für den mehrtägigen Aufenthalt im Park. Ein Kompliment noch der Parkverwaltung wie auch den Besuchern: An den Wegen liegt kaum Müll.

Leichter Zugang von Los Brecitos aus in die Caldera.

Die Anfahrt nach Los Brecitos wird niemand als fahrerisches Vergnügen empfehlen. Wer über kein geeignetes Fahrzeug verfügt, fährt das stark ausgewaschene Sträßchen am Westhang zweckmäßigerweise mit den im Bett des **→ Barranco de las Angustias** auf Kundschaft wartenden Geländetaxis hinauf. Parkplatz für Selbstfahrer gibt es auf Los Brecitos. Von dort sind es knapp vier Stunden zur Playa de Taburiente und zurück.

Wegverlauf

Allein der Ausblick in die Caldera vom Geländesporn **Los Brecitos** aus entfacht bestimmt die Wanderlust. Die übliche Nationalpark-Tafel zur Orientierung, die Informationen auch deutsch. Dann geht es hinein in den Park durch ein rustikales Ehrenportal auf Kanarenart.

Schon der ausgezeichnet angelegte Wanderweg zum Campinggelände zeigt echte Caldera-Landschaft: feuchte Schluchteinschnitte, dann wieder lichten Pinienwald, dazwischen Erikabäume, Zistrosenbüsche und manch anderes subtropisches Gewächs. Etwa halbwegs versteckt sich auf einer Verebnung altes Bergbauernland. Kurz vor der Playa de Taburiente fällt eine zugemauerte **Höhle** auf. Tür und festes Vorhängeschloß stammen aus der Zeit der Benutzung als Pulverkammer beim Bau von Wasserstollen. Einst soll hier jedoch in der Cueva de Tanausú der letzte freie Häuptling der Ureinwohner residiert haben. Jener unbesiegte Verteidiger seiner Insel, den die Conquisdatores zu einem Friedensgespräch unter Caballeros aus seiner damals unzugänglichen Wildnis gelockt und dann gefangengenommen hatten. Nur durch diese hinterhältige List gelang es den Usurpatoren im Jahre 1493, La Palma endgültig zu erobern.

Vor der Höhle fanden Archäologen auch Fragmente von vorspanischem Trockenmauerwerk. Sie lassen hier auf ein Siedlungszentrum

19

der Guanchen schließen. Die Reste sind in jüngerer Zeit untergegangen, doch an manchen schwer zugänglichen Stellen der Caldera bezeugen noch Felsgravierungen und Tonscherben menschliche Vergangenheit. Die Caldera ist ein Denkmal der Natur- und der Urgeschichte.

Mit Geländetaxi erreichbar, bietet Los Brecitos den bequemsten Zugang zur Caldera.

Aus dem endlich erreichten Wildbachkessel der **Playa de Taburiente** mit Zeltplatz und Servicestätte führen vor allem drei gebahnte Wege weiter gegen die umschließenden Wände hinein. Der rechte, östliche, am und über dem Gießbach des Barranco Verduras mit Weidengebüsch und an Wasserkaskaden. Der mittlere endet in Badegumpen des Barranco Los Cantos. Der westliche zum Roque Huso bietet den reizvollen Blick auf den Desfondada-Wasserfall. Welchen man wählen soll? Am besten alle drei. Aber das geht wohl kaum, wenn man nicht hier kampieren will.

Wir haben den **Desfondada-Weg** vorgezogen, der geschickt eine der schmalen Felskulissen nutzt, um ein klein wenig alpin eine Aussichtskanzel zu ersteigen. Er zweigt am Westrand der Playa an der Orientierungstafel ab und ist gelegentlich mit Steinmännchen markiert. In den teils mit Geländer gesicherten Steilpartien kann ohnehin niemand vom »Pfad der Tugend« abweichen.

Weiter oben hingegen, am nadelbedeckten Boden sowie im Blockwerk eines meist trockenen Bachlaufs in einem Waldeinschnitt werden die Wegzeichen rar. Hier muß man eben die Augen offenhalten. Dann stößt man wieder auf den ausgeprägten Steig.

Immer wieder staunt man innerhalb der Caldera, welche märchenhaften Waldwiesen in die Steilhänge zwischen den Gräben eingebettet sind. Auf eine solche trifft man auch hinter dem Roque Huso unmittelbar unter dem **Mirador de la Fondada**. In einer Kammsenke ein paar Stufen, vor dem Abbruch ein schützendes Holzgeländer – und da drüben! Ein silberner Faden, der seinen Strich lotrecht in die Felswand hängt. Wie viele Meter? Ich weiß es nicht. Kein Niagara-Fall, aber doch ein Naturschauspiel in dieser zerklüfteten Felslandschaft.

Essen & Trinken

Prima essen mit aufmerksamem Service

In Los Llanos de Aridane haben wir viele ausgezeichnete Lokale erlebt, dort hat's auch die meisten. Unser Stammlokal nach der Tour wurde Salto si puedes mit ausgezeichneter Kanarischer Küche (Av. Tanausú, 29, Tel. 922463879, Fax 92246 3057). Ein einheimisches Lokal, wo der Gast gepflegte palmerische Küche schätzen lernt. Und nachher der Hock nebenan zwischen den Weinfässern im Felsgewölbe der Tasca: Palacio de vino Genuß und Stimmung bei Eigenbauwein!

Tiefblick zum Idafe: legendärer Felsmonolith in der Caldera (links im Bild).

Eine inzwischen im Steilgelände angelegte Wegfortsetzung ist brüchig und nicht gerade einfach. Zwar bietet sie einen profunden Einblick in die innersten Gründe der Caldera, doch sollten sie nur erfahrene und schwindelfreie Bergwanderer begehen. Die Anlage schlängelt sich in den Kiefernwald von Siete Fuentes hinauf; verfallene Pfade einstiger Ziegenhirten werden dabei gekreuzt. Unterhalb, am Roque de la Viña, gab es früher einmal sogar einen Weinberg. War doch die Caldera in vergangenen Jahrhunderten an den unmöglichsten Stellen von Bergbauern genutzt. Endgültiges Ende der Steiganlage bildet der Aussichtspunkt von **Hoyo Verde** auf einer Höhe von ungefähr 1350 m. Selbst hier fand man Tongefäße der Altkanarier. Für sie war offensichtlich nichts in der Caldera zu steil.

So man über genügend Zeit verfügt, mag man irgendwann auch die anderen freigegebenen Wege probieren. Sie alle strahlen von der Playa aus. Ein jeder von ihnen vermittelt ein Stück mehr von der Einzigartigkeit der Caldera. Die, wörtlich genommen, eigentlich keine Caldera, kein vulkanischer Ausbruchskrater ist, sondern ein riesiger ausgeräumter Erosionstrichter. So jedenfalls sehen es die Geologen.

Variante: Weiterweg für Trittsichere und Schwindelfreie vom **Mirador de la Fondada** bis **Hoyo Verde,** gut 2 Std.

20 Zur Hütte am Caldera-Kamm

Reventón-Paß – Refugio Punta de los Roques, 2085 m – Reventón
Karte: D/E 4/5

mittel
13 km
4 ½ Std.
↑700 m ↓700 m

Tourencharakter: auf guten Wegen über den Caldera-Kamm.
Beste Jahreszeit: Februar bis Juni.
Ausgangs- und Endpunkt: Reventón-Paß am Cumbre Nueva-Kamm (1410 m), schwierig anfahrbar auf Erdpiste aus über das Rastgelände El Pilar.
Markierung: rot.
Einkehr: auf der Rückfahrt Restaurants in El Paso.

Wer würde schon auf La Palma bergwandern wollen, ohne die Schutzhütte Refugio Punta de los Roques zu besuchen. Vielleicht ist es die aus den Alpen gewohnte Anziehungskraft einer Hütte – auch wenn es nur eine Notunterkunft ist. Oder sollte es am Beispiel geführter Touren liegen? An begeisterten Erzählungen? An wer weiß was. Tatsache ist: Der Ruf dieser beliebten Tour hat den guten Namen La Palmas als Bergwanderinsel mitbegründet.

Man wandert hier auf besonders gutem Wege, der zudem nicht allzu jäh ansteigt. Genießt zuletzt auch die alpine Steile der Bergflanken, in die der Weg kunstvoll hineingeschlichtet ist. Und man nimmt einen Eindruck von der Bergwelt La Palmas mit nach Hause, verstärkt durch den gleichen Rückweg. Als einen der ersten Schritte zum Kennenlernen charakteristischer Szenerien darf man sich vor dem Pflichttrip nicht drücken. Auch wenn hier viel »Gegenverkehr« herrscht.

Panoramastandpunkt Los Roques: Der Calderakamm ragt über dem dampfenden Kessel empor.

Leistungswillige Geher packen das Hüttenziel von der Wallfahrtskirche → **Ermita de la Virgen del Pino** aus an. Diese Unermüdlichen steigen von 900 m Seehöhe auf dem gelb markierten Camino real auf zum Reventón-Paß am Kamm der → **Cumbre Nueva** (ca. 1410 m) und beginnen dort die eigentliche Hüttenwanderung. Leichter ist es, mit dem Wagen auf die Cumbre Nueva zu fahren und dort irgendwo in der Nähe des Reventón zu parken. Nahe am Rastgelände → **El Pilar** zweigt die derzeit recht ramponierte Erdpiste zum Reventón von der Asphaltstraße ab; sie erspart ein erhebliches Stück Anstieg.

Wegverlauf

Warum ich die Weiterfahrt vom **Reventón** bis zum gleichnamigen Paß nicht empfehle, wird jeder verstehen, der den durch Winterregen zerfurchten Fahrweg entlangwandert. Für den Ausblick bleibt dabei

20

genügend Muße – sofern nicht gerade die Passatwolke ihre Glocke überraschend über die Cumbre stülpt. Ein altes, am Wegrande rostendes Gitterwerk erinnert, daß man mit solchen Vorrichtungen einst Nutzwasser aus den Feuchtwolken »gemolken« hat.

Nach dem zumeist so bezeichneten Reventón-Paß wird man allerdings vergeblich suchen. Keine deutlich ausgeprägte Einsenkung, kein paßähnliches Merkmal im Relief. Zwar beginnt der Kamm danach anzusteigen, vor allem aber merkt man diesen »Paß« daran, daß hier aus dem steilen Westhang der Camino real einmündet, wogegen sich die Fahrpiste am Kamm verzweigt. Keinesfalls lasse man sich durch den verlockenden, rechts eben dahin ziehenden Fahrweg verführen. Die richtige Trasse zum Ziel geht an der Abzweigung bezeichnet geradeaus und steigt sogleich scharf an.

Nach einigen Kehren im flechtenbehangenen Buschwald endet sie abrupt an der Wegtafel »Punta de los Roques«. Als Fortsetzung schlieft von hier aus der vielbegangene Weg nach links in dichten Busch hinein. Ohne Versuchungen abzuirren, schraubt er sich am Kammrücken empor. Wären da nicht Baumheiden und allerlei fremdartiges Gestrüpp, man könnte meinen, einen Hüttenan-

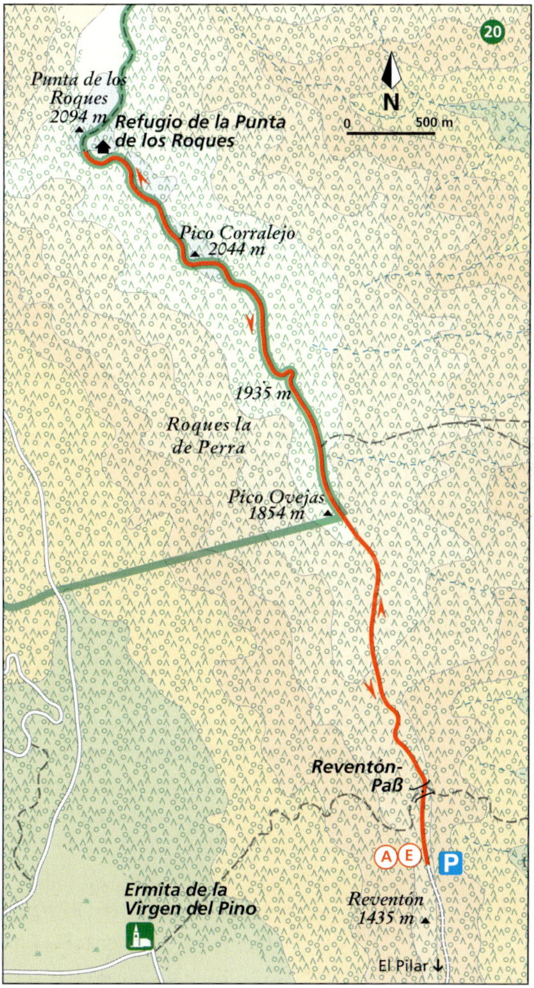

20

stieg in den Alpen zu begehen. Immer wieder ein »Guten Tag!« – selten »Grüß Gott!«
Höher oben beginnt sich der Pinienwald zu lichten, die Zistrosenbüsche werden niedriger, der Weg tritt auf die Kammhöhe hinaus. Einige Schritte vom Weg ab bietet die sanfte, mit einer Vermessungssäule verzierte Kuppe des **Corralejo** (2044 m) einen Überblick über den weiteren Kammverlauf. Über das Auf und Ab von Felskopf zu Felskopf. Der Blick bleibt am südlichen Eckpunkt des Caldera-Kammes hängen, am → **Pico de la Nieve**. Links davon die Caldera mit ihrer Felsumrahmung. Rechts streichen die Schluchten der Barrancos hinunter gegen das Meer. Zurück in die Gegenrichtung reicht der Blick der Cumbre entlang nach Süden zu den Vulkanen, die der markante Dreispitz der Deseada beschließt.

Zwischen den obersten Kiefern lugt der Pico Bejenado hindurch.

Im Umkreis des Corralejo ist für viele Gelegenheitswanderer Schluß. Die Inselsonne hat ihre Arbeit getan, eine Quelle gibt es am Kammweg auch nicht. Und rasten läßt sich hier vor der Umkehr prächtig. Wer weiter will, umgeht auf dem nun in die felsigen Abhänge geschlichteten Weg etliche Gipfelklötze und -türme. Dampf aus dem Kessel der Caldera verschleiert hin und wieder die Tiefe, der Blick fängt sich an den Schemen grotesker Piniengestalten, die sich inmitten der Abstürze festkrallen. Das Wechselspiel der aus Wolkenfetzen auftauchenden, bizarren Felsgebilde verstärkt den Hauch exotischer Romantik.

Zum Schluß als Lohn für alle Aufstiegsmühe: ein Aussichtskopf nahe der Hütte. Freier Blick hin über den Dampfkessel der Caldera auf den umrahmenden Rand mit seinen wenig ausgeprägten Erhebungen. Das **Refugio Punta de los Roques** selbst, jahrhundertelang Nächtigungsplatz einheimischer Hirten, Jäger und sogar des regelmäßigen Postläufers, war viele Jahre zur verwahrlosten Ruine verkommen. Jetzt ist es wieder ein brauchbarer Unterstand mit Feuerstelle und bescheidenem Inventar. Die Palmeros nützen ihn oft zum Wochenend-Picknick. Auch auf La Palma ändern sich die Zeiten.

Variante: Zusätzlich Auf- und Abstieg von der **Ermita de la Virgen del Pino** zum **Reventón-Paß**, 2 1/2 Std.

Von der Cumbre ins Aridane-Tal

21

Pista Pico de la Nieve – Pico de la Sabina, 2134 m – Punta de los Roques – Reventón-Paß – Ermita de la Virgen del Pino Karte: D/E 4/5

anspr.

14 km

6 ½ Std.

↑ 400 m
↓ 1500 m

Tourencharakter: lange und anspruchsvollere Tour auf dem Kammsteig durch sämtliche Vegetationszonen. Vorsicht bei Vereisung!
Beste Jahreszeit: März bis Juni.
Ausgangspunkt: Pista Pico de la Nieve, Abzweigung von der Höhenstraße über die Cumbre de los Andenes.
Endpunkt: Ermita de la Virgen del Pino, ½ Std. zum Bus-Halt.
Markierung: rot.
Verkehrsanbindung: Bus Linie 1 vom Endpunkt.
Einkehr: unterwegs keine.

In alten Zeiten war der Steig vom Reventón-Paß über die gesamte → **Cumbre de los Andenes** von wichtiger Verkehrsbedeutung. Wer vom Süden in den Norden der Insel wollte oder umgekehrt mußte über die Cumbre gehen. Selbst der Postläufer soll auf diese Strecke angewiesen gewesen sein. Durch die Barrancos der Küstenregion gab es damals kaum ein Durchkommen. Dieser Tatsache verdankt auch die Unterstandshütte Refugio de la Punta de los Roques ihr Entstehen.
Nach dem Bau von »Königswegen« oberhalb der Küste verfiel der Cumbre-Steig. Noch zu Beginn des Wanderns auf La Palma war er durch die Degollada del Rio nur mehr von recht Trittsicheren zu begehen. Heute hat die Parkverwaltung den Weg weitgehend restauriert, wenn auch die Erosion im problematischen Streckenabschnitt nicht aufzuhalten ist. Wie die Geologen vermuten, wird diese Degollada einst die Form der ganzen Caldera verändern. Die lange Route, die man vornehmlich bergab geht, gehört zu den anspruchsvolleren dieser Insel. Und irgendwer muß einen auch per Pkw zum Ausgangspunkt bringen.

Tiefblick vom Caldera-Kamm auf das Meer.

Wegverlauf

Wie beim Anstieg auf den schneelosen »Schneeberg« → **Pico de la Nieve** (siehe **Wanderung 22**) beginnt das lange Abenteuer bergab über den Abgründen der Caldera zunächst mit dem Aufstieg von der Umkehrschleife der **Pista Pico de la Nieve**. Hier erreicht der geschlossene Kiefernbestand seine Obergrenze. Bald ist die Wegteilung mit dem Richtungsschild »Ermita de la Virgen« erreicht. An der Waldgrenze entlang führt der jetzt verbesserte Steig im Duft der Codeso-Hänge hinüber zum sandigen Sattel der **Degollada Barranco de la Madera**. Hier geht der Blick

21

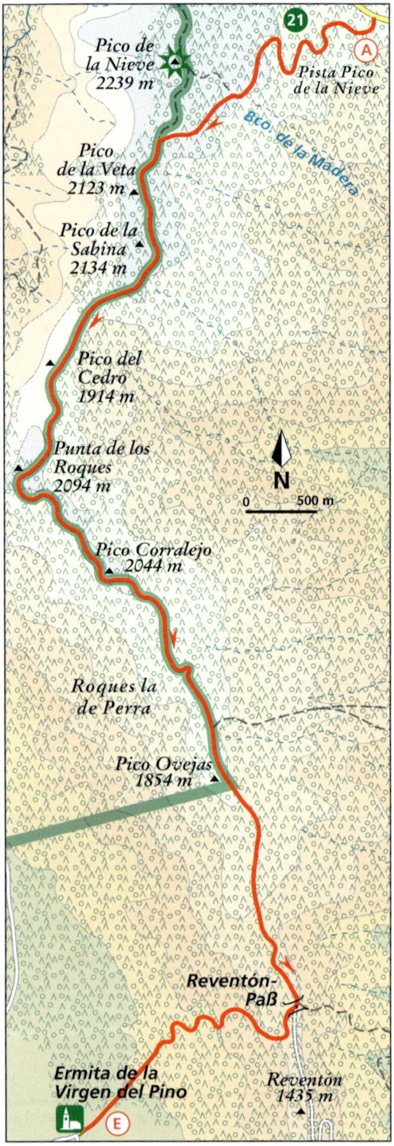

Von der Cumbre ins Aridane-Tal: Lang, nur mit »Fahrhilfe« ausführbar – aber ein Abstieg durch die Höhenstufen der Vegetation.

erstmals hinunter in die Caldera. Nahe am Weg stechen im Mai die blühenden Büsche des Enzianblauen Natternkopfs vom schwarzen Untergrund ab. Ein seltener Kanarenendemit der Höhenzone, der auf der Liste aussterbender Pflanzen steht. Unter der zerfallenden Felsschicht einer Basaltmauer kriecht der etwas schadhafte Steig in den baumlosen Westhang des Pico de la Sabina. Absichtlich umgeht er die alte Trasse über den Gipfel, auf dem ein großes Gitter sichtbar wird. Hinter seinen Eisenstäben vor Zutritt geschützt, liegt hier **»La Erita«** oder »El Tagoror«, der einstige Versammlungsplatz der Guanchen. Auf dieser Bergeshöhe trafen sich die Oberhäupter aller Stämme der vorspanischen Ureinwohner. Hier beteten sie in magischen Riten die Sonne an. Das Heiligtum erinnert an vergleichbare Fundstellen früherer Indianerstämme in den Hochanden oder der Vorzeitmenschen auf den Bergen Südtirols. Auch auf dieser einstmals isolierten Insel empfand sich der Mensch auf den Höhen seinem Himmel ein Stück näher.

21

Essen & Trinken

Schweizer Kochkunst in El Paso

Nein, rein kanarische Küche ist dies nicht, was da an der südlichen Kehre der Straße El Paso – Los Llanos auf der Speisekarte steht. Das Restaurant El Sombrero kocht phantasievoll und bietet (Mo–Mi, Fr–So Küche 18–23 Uhr) einen Mix aus Gerichten verschiedener Provenienz, und alles mit Schweizer Touch. Ein attraktives Angebot! Wäre der »Sombrero« zur üblichen Essenszeit nicht so von Deutschen überlaufen, er hätte uns noch viel öfter gesehen.

Der Kultplatz ist ein flaches Oval aus roter Erde, an beiden Seiten abgeschirmt durch aufrecht stehende, mannshohe Steinbarrieren. Noch vor wenigen Jahren konnte man da an heruntergebrochenen Felstücken nach vereinzelten in den Fels gezeichneten Spiralen suchen. Hinter der südlichen Plattenwand wiederholte sich die eigentümliche Lokalität. Nur, daß die Rückseite dieser Felsen deutlichere Petroglyphen zeigte. Rücksichtslose oder einfach infantile Menschen haben die Zeichnungen beschädigt; nun ist dieses archaische Kulturgut dem Zutritt vernünftiger Besucher entzogen.

Der Weiterweg quert am Kamm zum **Pico de la Sabina** (2134 m); von der gegen → **Santa Cruz** abdachenden Seite erklettert der Kiefernwald die Höhe. Dann wieder dichter Codeso und der Felskopf des Morro Morisco. Anschließend beginnt die Scharte der **Degollada del Rio**, die einzig wirklich etwas heikle Passage. Auf der einen Seite die Steilwand gegen den Park, auf der anderen der den Grat anfressende Barranco. Schließlich steigt der seit alten Zeiten befestigte Weg, zum Schluß am Fuß der **Punta de los Roques**, zur **Unterkunftshütte** an.

La Erita, mehr als 2000 m über dem Meer gelegener Kultplatz der Guanchen.

Rast und Entspannung. Die Tour stellt nun keine besonderen Ansprüche mehr. Hier ist der Zielpunkt der beliebten »Hüttenwanderung« erreicht. Der Platz vor dem zeitweilig verwahrlosten Refugio bietet eine gewaltige Aussicht auf das Rund der → **Cumbre de los Andenes** mit ihren Erhebungen, Gipfeln. Und aus dem Umfeld der Punta überblickt man jetzt in Ruhe auch das ganze gebirgige Rückgrat der Insel nach Süden.

Der Weiterweg verläuft zunächst wie auf Route 20. Die Strecke über den absinkenden Kamm mit vielen Ausblicken zwischen lichtem Kiefernbestand, über Codesos und blühende Zistrosen zählt unstrittig zu den schönsten Standardwanderungen auf La Palma. Über dem **Reventón-Paß** taucht der Weg dann in den Lorbeerwald der → **Cumbre Nueva** ein und zieht vom Wegschild am Paßrücken im Zickzack zur → **Ermita de la Virgen del Pino** hinab.

22 Höhenbummel am Caldera-Rand

Pista Pico de la Nieve – Pico de la Nieve, 2239 m – Piedra Lana – Pico de la Cruz, 2351 m – Pista Pico de la Nieve Karte: D/E 3/4

anspr.

13 km

5 ½ Std.

↑ 600 m
↓ 150 m

Tourencharakter: Höhenwanderung mit geringen Gegensteigungen im nicht allzu steilen Gelände am Rande der Caldera, 6 km Rückweg zu Fuß auf der Höhenstraße.
Beste Jahreszeit: März bis Juni.
Ausgangs- und Endpunkt: P auf Erdpiste Pico de la Nieve, Anfahrt per Pkw von Santa Cruz auf guter Asphaltstraße, Abzweig bei km 22,5.
Markierung: rot.
Einkehr: unterwegs keine.

Für den Bergwanderer ist ein Höhenweg über Kammrücken gewiß eine der dankbarsten Erlebnisrouten. La Palma bietet am Caldera-Rand nun eine durchgehende Möglichkeit. Auf meist über 2000 m! Das schönste und leichteste Stück reicht, gut gebahnt, am flacheren Rand des tiefen Kessels vom viel besuchten Aussichtsberg → **Pico de la Nieve** bis zum Pico de la Cruz. Allein schon dieser unterhaltene Wegabschnitt zeigt das Hochgebirge der Vulkaninsel auf instruktive Weise. Und auf die schönste Art! Ein Gang, ein Bummel über die Höhen, den sich trotz 6 km Rückmarsch auf Asphalt kein gesunder Wanderer entgehen lassen sollte.

Wegverlauf

Der Wagen bleibt an der beschilderten Abzweigung der **Pista Pico de la Nieve** von der Höhenstraße über die → **Cumbre de los Andenes** kurz nach km 22 stehen. Auf der neu angelegten, gelb markierten Route »PR LP 3« ist der Umkehrplatz am Pistenende durch den üblichen Pinienforst bald erreicht. Frei wird der Blick erst nach dem Rastplatz an der Nationalpark-Tafel. Von hier führt der schottrige Fußweg mitten hinein in eine typische Landschaft der La Palma-Höhenzone: nackte walfischförmige Felsrücken, einzelne kuriose Steingebilde, Trümmerwerk, Sand – und überall die Wildnis der Ginsterbüsche, aus denen sich die verformten Kampfgestalten der Kanarenkiefern hervorwinden. Dieser Codeso-»Ginster«! Zuweilen ein gelbes Blütenfeld, nicht hart, nicht stachelig, nein, nur grüne Pfeifenputzer, aber zäh und elastisch. Fast wie Latschenkiefern. Ein Dickicht neben dem Weg, das kaum zu durchdringen ist.

An der erste Wegteilung steigt hart rechts die stärker begangene Trasse beschildert gegen den schneelosen »Schneeberg« → **Pico de la Nieve** auf. Die Augen bewundern die phantastischen solitären Kieferngestalten, der Fuß stolpert über die Wegauflage aus kleinen und

22

größeren Lavabrocken. Schon oben, nimmt der Weg den Pfad von der Punta de los Roques auf und gewinnt schnell den Gipfelrücken. Auf der sanften Kuppe wird der Wanderer gleich von einer ganzen Schar von Steinmännern begrüßt. Rundschau – und Zeit zur ersten Brotzeit! Mit Ziegenkäse und einem Schluck Vino de mesa: ein Prosit auf die Aussicht!

Wellig wölbt sich der Caldera-Rand im weiten Halbkreis um den dampfenden Talkessel. Der höchste Berg, der → **Roque de los Muchachos**, tut sich trotz seiner 2426 m kaum hervor aus dem »Gipfel«-Kranz. Seine Felszacken wirken aus dieser Ferne nur wie ein einziges Steinhäuschen. Viel imposanter ist da die Schau auf das Wolkenmeer über dem Atlantischen Ozean, das nur die Pyramide des Teide auf Teneriffa durchbricht. Vielleicht erkennt man noch eine Andeutung von der Scheibe der Insel La Gomera; schon El Hierro entdeckt man kaum. Ein Blick wie aus dem Bordfenster bei der Flugreise.

Ein paar Schritte wieder hinunter. Von Steinen eingesäumt zieht der Weiterweg eindeutig an der flachen Ostseite um einige Kuppen herum. Herum um den **Pico del Cedro** und den **Lomo de Pablo**. Stellen-

Mit Blick über den Kesselrand der Caldera: Eine Mittelgebirgswanderung im Hochgebirge.

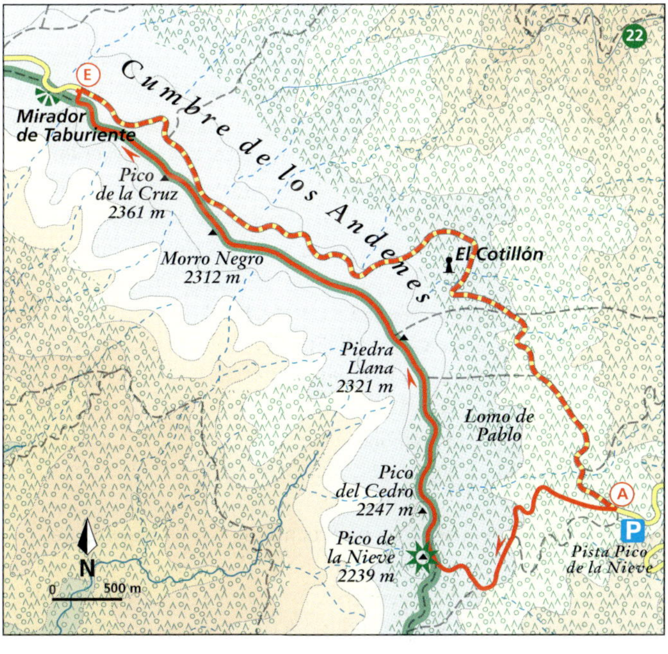

22

weise streifen übermannshohe Codeso-Büsche das Gesicht, verdecken auch die Stolpersteine. Sand- und Trümmerhänge schießen hinunter zur asphaltierten Autostraße. Ein in den großen Zügen einfacher und klarer Landschaftsbau. Abwechslung bieten vor allem die Nahbilder, diese wechselnde Kombination aus Ginster, Asche und basaltischen Felsblöcken, zwischen denen so manches grünt und blüht. Wie beispielsweise der Teidelack, das hochalpine La Palma-Veilchen und der seltene goldgelbe Gipfelginster. Lustig auch das Spiel der Rabenvögel, die um die Felsklippen segeln, als wollten sie den Wandersmann locken, es ihnen gleichzutun.

Bedrohte botanische Raritäten am Wege: Enzianblauer Natternkopf, goldgelber Gipfelginster, La Palma-Veilchen u.a.

Ein Stück hinauf zur **Piedra Lana**. Vom Gipfel kann man das größte Feld von enzianblauen Natternköpfen sehen, die vermutlich aussterben werden. Auch andere Pflanzenraritäten haben sich auf die für Kaninchen unzugänglichen Felsen zurückgezogen. Und in der Gipfelumgebung sollen sich zudem viele Spuren von Hirtenanlagen der Ureinwohner verstecken. Selbst aus den Felsabbrüchen, wo sich nur einzelne bizarre Zedern-Wacholder mühsam am Stein festkrallen, klettern wohl seit mehr als 1000 Jahren von Hirten und Jägern benutzte Steigspuren aus der Caldera heimlich zum Kamm empor – kaum vorstellbar, aber wahr.

Auf dem Weiterweg rechts unten dann ein merkwürdiges Eisenknäuel, das **Stahlmonument zu »Ehren der Unendlichkeit«**, geschaffen von dem kanarischen Avantgardisten César Manrique. Und nach viel beschaulichem Höhenbummeln nahe dem Grat durch den Raum der Unendlichkeit folgt ein letzter Aufstieg durch einen Bonsai-Garten vulkanischer Felsgebilde zum **Pico de la Cruz** (2361 m), markant durch seine Steinhütte mit Solaranlage und Antennen. Eine ausgiebige Rast, noch einige Fotos in die Runde. Im Angesicht der Gebäudekomplexe geballter astrophysikalischer Forschung ist dann auf dem

22

gut angelegten Steig am Mirador de Taburiente das nahe Asphaltband der Höhenstraße erreicht. Finis Höhenbummel! Ende einer der schönsten Höhenwanderungen auf La Palma.

Wer auf dem **Rückweg** nicht als Anhalter reisen kann, muß die Höhenstraße unter die Füße nehmen; über die Cumbre de los Andenes verkehrt kein öffentlicher Bus. Gar so langweilig, wie man befürchtet, ist dieser »Schönheitsfehler« allerdings nicht. Denn der Marsch am Rande des Asphalts gibt viel Muße, am Straßenaufschluß das Farb- und Formspektakel unterschiedlichsten vulkanischen Gesteins zu studieren. Grau, schwarz, gelb, ocker, ja feurig orange! So präsentiert sich der Fels als versteinerter Schaum, durchsetzt von Säulen, von Steinsäcken, oft auch nur als bröckelndes Gekröse. Vereinzelt ist ganz bequem in den nahen Steinmassen das nur auf dieser Insel vorkommende Palma-Veilchen zu sehen. Hinter Maschendrahtzäunen vor Kaninchenfraß geschützt, versucht man auch andere Seltenheiten wieder hochzubringen.

Und ständig dieser Teide! Alleinherrscher am Horizont, der über Meeresfluten und Wolkenschichten thront. Ein Bild wie hingepinselt. Fast nur ein Zeichen, ein Symbol, aber: man guckt immer wieder hin. Nur die Füße, die sind halt nach einer starken Stunde neben – und manchmal auch auf – Asphalt ungemein dankbar, wenn sie sich beim Auto der Bergschuhe entledigen dürfen. Wie heißt es da so treffend? Das Schönste an den Bergen ist – wenn man die Bergschuhe ausziehen kann. Auch das gilt für La Palma.

Variante: Übliche Kurztour Abzweig der **Pista Pico de la Nieve – Pico de la Nieve** und zurück, gut 2 Std.

Die letzten Höhenmeter zum Gipfel des Pico de la Nieve, 2100 m tiefer die Vororte von Santa Cruz.

23 Der Weg über der Tiefe der Caldera

Mirador de Taburiente – Fuente Nueva – Roque de los Muchachos, 2426 m – Mirador de Taburiente

Karte: D 3

anspr.

9 km

4 Std.

↑300 m ↓300 m

Tourencharakter: aussichtsreicher Steig durch die Steilflanke des Caldera-Randes, dann Anstieg zur höchsten Kuppe La Palmas. Vorsicht bei Schnee, Vereisung und Sturm!
Beste Jahreszeit: März bis Juni.

Ausgangs- und Endpunkt: Mirador de Taburiente bei ca. km 30 der Höhenstraße über die Cumbre de los Andenes (Hinweisschild mit Kamera), P schlecht.
Markierung: rot.
Einkehr: unterwegs keine.

Noch vor wenigen Jahren endete der ausgebaute Weg über den Kamm der → **Cumbre de los Andenes**, die in leichtem Gelände verlaufende Strecke vom → **Pico de la Nieve**, gleich nach dem Pico de la Cruz. Nun wurde auch das fehlende Stück bis zur höchsten Aufwölbung im Caldera-Rand geschlossen. Der → **Roque de los Muchachos**, mit 2426 m höchster Gipfel der Insel, ist nun auch abseits der Straße auf einem Höhenweg erreichbar. Inzwischen wurde auch die kleine Lücke zwischen beiden Wegteilen durch eine lustige Weganlage überbrückt.

Da der Kamm der Cumbre im Mittelabschnitt äußerst schmal und felsig ist und an der Nordostseite zudem die Höhenstraße entlangführt, hat die Nationalparkverwaltung die alten Pfadspuren durch den oberen Rand der steil zur Caldera abfallenden Flanke zu einem Bergweg ausgebaut. So stellt diese Tour, die auch die senkrechten Schichtmauern der Basaltbänder quert, im ersten Drittel der Route höhere Ansprüche an die Verträglichkeit des vorherrschenden Tiefblicks. Der überwiegende Rest führt leicht am Kamm durch den weit verteilten Gebäudekomplex des astrophysikalischen Observatoriums.

Da luftigere Wegstrecken jedoch der zunehmenden Sportlichkeit unserer Zeit entgegenkommen und der beschilderte Weg unmittelbar an der Höhenstraße ansetzt, wird er zumindest im unteren Teil stärker begangen als die gemütliche Strecke Pico de la Nieve – Pico de la Cruz. Die gleichsam gläserne Luft in diesen Höhen erinnert an Föhntage in den Alpen. Oft spitzen im Süden nur die Gipfel der → **Cumbre Vieja** wie hingetuscht aus dem Wolkenmeer. Unter dem strahlend klaren Sonnenhimmel können sich Neulinge kaum vorstellen, wie schnell kalter Nebel selbst die höchsten Teile der Cumbre erfassen kann. Nicht selten weht auch empfindlich kalter Wind über den Gebirgskamm. Vorsichtshalber sollte man den Anorak mitführen. Und von November bis Mai setzt die Cumbre mitunter sogar Schneehäubchen

23

auf, und die Temperaturen fallen mehrere Tage unter 0 °C. Bei eintretender Vereisung wie auch bei starkem Sturm sollte man Wege am Cumbre-Kamm meiden – und insbesondere diese Tour.

Wegverlauf

Etwa bei **km 30** erreicht die **Caldera-Höhenstraße** den Cumbre-Rand; dort beim Hinweisschild mit stilisierter Kamera auf einen Aussichtspunkt. Dieser **Mirador de Taburiente** ist unter Einheimischen als »Mirador de Franceses« bekannt. Eine aus Stein aufgemauerte Plattform, gegen den rasanten Abgrund zur Caldera ein Geländer. Und ein Wegweiser: »Roque de los Muchachos«.

Hier beginnt der Steig. Er quert eine steile Halde aus rötlich-violettem Vulkansand, direkt über der Tiefe der Caldera. Bald erreicht man die legendäre Mauer **Pared de Roberto**, eine Mauer, wie von Menschenhand errichtet. Solche Wände sind die Überreste der durch Erosion im weicheren Gestein freigelegten Gänge aus hartem Basalt. Durch einen V-förmigen Einschnitt passiert der Steig das natürliche Hindernis. Es heißt, der Teufel selbst habe die Kerbe verursacht. Ein wanderfreundlicher Teufel.

Ein weiterer, breiterer solcher Basaltgang mit einigen Zedern sowie verborgenen Petroglyphen, dann überquert der Weg einen Kopf und steigt gegen die **Schlucht Los Cantos de Turugumay** ab. Ungehindert schießt der Blick in die Tiefe, 1500 m: Schluchten, Wände, Felstürme, vereinzelt wurzeln zerzauste Kiefern im Gestein. Ganz unten, winzig, der weißliche Geröllboden der Playa de Taburiente. Und jenseits des weiten Kessels sieht man sogar dem Pico de Bejenado auf den Kopf.

Vereinzelte Wacholder-Zedern haben auf unzugänglichem Fels in den Calderawänden überlebt.

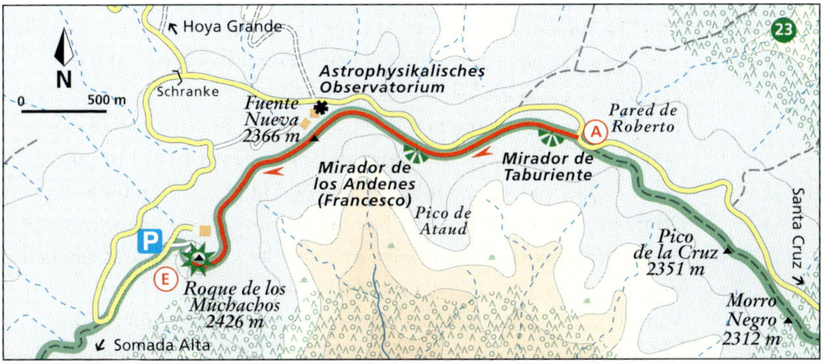

Noch einmal durchzieht ein Basaltgang den Steilhang. Beim **Mirador de los Andenes** gewinnt der Weg wieder die Kammhöhe und steigt dann im Zickzack in Richtung der drei weißen Teleskop-Bauwerke hinauf zum Aussichtsplatz auf dem Gipfel **Fuente Nueva** (2366 m). Die namengebende kleine Quelle liegt östlich etwas unterhalb; obwohl in der Gipfelregion, trocknet sie auch im Sommer nicht aus.

Gipfelrast am Roque de los Muchachos mit Blick auf Pico Bejenado (Bildmitte) und Cumbre Vieja (links).

Weiter durch das dicht mit Codesos bestandene Gelände, Hügel und Mulden, weiter oben nackt. Aus der letzten Mulde unter dem Gipfel steigt der auch hier steingesäumte Weg abseits der Straße schließlich zur flachen Kuppe des **Roque de los Muchachos** auf. Hier auf 2426 m ist die Insel und damit die Route nach oben zu Ende. Parkende Autos, die Info-Kabine der Parkverwaltung. Und von der Felsgruppe der Muchachos, der »Burschen«, weite Sicht. Beim entspannten Gipfelhock jenseits der Felsen entdeckt man dann im Sonnenglast über dem Meer westlich der Landmarke des Teide auch die Inseln La Gomera und El Hierro, Außenposten des Kanarischen Archipels.

Wer da noch nicht beenden möchte, geht die 600 m auf gebautem Weg zum **Espigón del Roque** hinunter. Vorbei an der eingezäunten Fläche, auf der man, vor Kaninchenfraß geschützt, die aussterbende Gipfelflora wieder hochzuziehen versucht. Auf beiden Seiten fällt der absinkende Kamm zu steilen Barrancos ab. Am Ende der Neubaustrecke ein paar vorsichtige Schritte – und wieder der berauschende Blick in die Caldera hinein. Hier ist der Weg über der Tiefe der Caldera zu Ende. Endgültig.

Variante: Überwiegend wird der Weg nur auf der interessanteren Strecke bis **Fuente Nueva** begangen und über den **Mirador de los Andenes** zur Höhenstraße abgestiegen, gut 2 Std. Empfehlenswert ist auch, den Wagen am **Mirador de los Andenes** zu parken und auf der Straße zum Tourenbeginn am **Mirador de Taburiente** zu gehen.

Über den westlichen Caldera-Rand

24

Roque de los Muchachos, 2426 m – Roque Palmero – Morro Pinos Gachos – Somada Alta – Pico de los Muchachos Karte: C 3/4

Tourencharakter: problemlose, aber lange Tour mit Tiefblicken. Vorsicht bei Schnee, Vereisung und Sturm!
Beste Jahreszeit: März bis Juni.
Ausgangs- und Endpunkt: westlichste Kehre der Stichstraße zum Pico de los Muchachos wenige Parkplätze, Auffahrt auf der Höhenstraße, abzweigen bei der Schranke vor den Arbeitsgebäuden des Observatoriums.
Markierung: rot.
Einkehr: unterwegs keine.

mittel
17 km
5 ½ Std.
↓600 m
↑600 m

Die alten Fußanstiege auf den »Muchachos« sind seit dem Bau der Fahrstraße unbenutzt. Wer tut sich heute auch die nicht gerade abwechslungsreichen 2000 m Höhendifferenz von Hoya Grande her an. So fährt auch der Wanderer hinauf und stellt den Wagen am Gipfelparkplatz ab. Weil aber nur der Aufenthalt auf dieser Kuppe nicht befriedigen kann, drängt sich von selbst ein Ausflug über den weniger begangenen Westteil des Caldera-Rahmens auf. Gleichsam als logische Fortsetzung des so schönen Höhenweges vom → **Pico de la Nieve** auf den höchsten Punkt der Insel.

Wegverlauf

Der echte »Einstieg« zu diesem Abenteuer liegt unterhalb des Gipfels des → **Roque de los Muchachos**, etwa 70 Hm unterhalb der Info-Bude der Nationalparkwärter, genau an der spitzen westlichsten Straßenkehre. Hier zeigt ein Wegweiser »Torre del Time« an und die übliche Orientierungstafel des Nationalparks informiert über einen wanderbaren Kammweg. Zunächst ist da allerdings eine Fahrstraße, die an einem eingezäunten Gebäudekomplex endet. Es ist das 1996 eingeweihte Teleskop »Galileo«. Die Forschung schiebt sich weiter in die Landschaft.

Rechts von dieser Repräsentation der Wissenschaft beginnt dann tatsächlich der Wanderweg. Wo vor einem Jahrzehnt noch unberührte Wildnis war und ein paar Jahre später kaum Trittspuren, gibt es heute einen Weg. Nun sollte niemand mehr in die Irre laufen

Steil bricht der Fels in die Caldera ab.

24

wie seinerzeit wir. So rasch ändert sich auf der Wanderinsel La Palma die Wandersituation.

Man umgeht den ersten der westlich ausstreichenden Trümmerrücken, quert Schotterhänge und schmuggelt sich im Auf und Ab um die steinernen Grathöcker herum. Immer auf der flachen Kammseite. Weite, einförmige Codesos-Felder dämpfen die Ausschau in Richtung Meer. Wo hingegen die Route Einsenkungen in der Cumbre berührt, fällt der Blick durch wüste Felsschluchten in die Caldera hinab, 1500 m tief! Welches Foto vermag diesen Eindruck von Tiefe wiederzugeben, den man hier bei einem Halt ganz gefahrlos genießt!

Diese Degolladas sorgen für etwas Abwechslung zwischen den unbedeutenden Kuppen wie Roque Chico (2372 m), Marangaño,

Morro de la Crespa, **Roque Palmero** (2310 m) und **Morro Pinos Gachos** (2179 m). In den Schluchten der Caldera-Seite gibt es Quellen und Höhlen mit Felsinschriften der Ureinwohner. Ab **El Estrabito** erobern wieder Kiefern den sich verengenden Grat, und schließlich steht man dann auf der **Somada Alta** (1926 m), ohne vielen Wanderern begegnet zu sein.

Immer wieder neue Hochgebirgsbilder in jeder Degollada am Calderarand.

Von diesem letzten höheren Gipfel im Kranz um die Caldera stürzen scharfe Steilwände ab, in den Kessel hinein. Gegen Westen hin scheint das Gebirge nach den obersten Pinien ins Meer zu tauchen. Nach Südwesten hingegen streicht der Caldera-Kamm in bebuschten Köpfen zum Torre del Time aus. Jenem versteckten Aussichtspunkt, der von hier auf dem Weiterweg zu erreichen wäre. Kenner halten den Ausblick von der Somada Alta für einen der schönsten in der Gipfelrunde.

Die Caldera selbst und ihre wenig ausgeprägten Randberge hat man somit aus allen Perspektiven gesehen, das simple Baumuster aus den verschiedenen Windrichtungen erlebt. Man behält ihn im Gedächtnis, diesen gegen die See hin weniger steil abdachenden Kamm, der den ungeheuer tief ausgefressenen Kessel der Caldera wie ein Hufeisen umfaßt.

Diese abschließende Exkursion über seinen westlichen Bogen hat für den Autofahrer nur einen kleinen Haken: Er muß auf dem gleichen Weg wieder zurück die knapp 600 Hm wieder hinaufsteigen! Wieder geht es hindurch zwischen Blockwerk und Codesos, über Geröll und Sand. Im Gedächtnis aber bleibt eine wunderschöne Wanderung durch weitaus mehr Ursprünglichkeit als man auf dem westlichen Cumbre-Weg erfährt.

25 Zwischen den Cumbres

Ermita de la Virgen del Pino – Reventón-Paß – Refugio El Pilar – El Paso

Karte: D/E 5/6

mittel
15 km
4½ Std.
↑600 m
↓800 m

Tourencharakter: abwechslungsreiche und lange Runde über den Bergkamm der Inselmitte.
Beste Jahreszeit: Februar bis Juni.
Ausgangspunkt: Ermita de la Virgen del Pino, P anfahrbar auf der Straße El Paso – La Cumbrecita, Abzweigung nach rechts zur Ermita.
Endpunkt: El Paso, Ortsende. Info-Zentrum Nationalpark.
Markierung: spärlich; rot, gelb.
Einkehr: El Paso.

Im Norden der alte Vulkandom rund um die Caldera, im Süden die Vulkankette der → **Cumbre Vieja**: das sind die markanten Gebirge im Inselrelief. Dazwischen als Verbindungsglied der schlichte, rund 1400 m hohe Kamm der → **Cumbre Nueva**, einförmig, ungegliedert. Als einzige, nur wenig höhere Kuppe sitzt darauf der Hügel des Reventón (1435 m), kenntlich an seiner Antennenanlage. Für sich genommen kaum bedeutend, scheint es, als wäre der bewaldete Rücken der Cumbre Nueva nur dazu geschaffen, die Wirkung der beiden sie überragenden Gebirge zur Geltung zu bringen.
Wer da aber meint, die Cumbre Nueva wäre kein lohnendes Ziel, nicht der Wandermühe wert, der irrt. Der Wanderer kommt voll auf seine Kosten. Schon der Aufstieg auf dem alten »Königsweg« ist ein Erlebnis. Über seine Steinplatten verlief vor dem Bau des Cumbre-Tunnels der gesamte Verkehr zwischen der Ost- und Westseite der Insel. Dann der Fahrweg auf dem Scheitel der Cumbre! Staubig, lang – aber mit ständigem Blick beiderseits hinunter auf die zentralen Siedlungszentren.
Im Schlußstück ein Abwärtshüpfen über weiche Aschehänge und endlich ein Schlendern durch Wäldchen, Feldchen und Gärtchen nach → **El Paso**, wo sich die Runde schließt. Fast schließt. Denn leider bleiben zwischen Start und Ende doch noch ein paar Straßenkilometer. Dennoch, trotz kleiner Schönheitsfehler gehört diese Tour zu den ganz wenigen längeren Rundwanderungen auf der Insel, die man mit gutem Gewissen als solche empfehlen kann.

Wegverlauf

Genau besehen beginnt das Wandern ja erst bei der Wallfahrtskirche → **Ermita de la Virgen del Pino**. Wer indes den Rückweg neben und auf der Straße verkürzen will, stellt als Selbstfahrer den Wagen vor dem Info-Zentrum des Nationalparks am Ortsende von → **El Paso** ab.

25

Von dort gilt es, noch knapp 2 km auf und neben Asphalt zu laufen. Zuerst ein Stück auf der Regionalstraße nach → **La Cumbrecita** und danach rechts ab bis zur **Ermita**, einem typischen rustikal-kanarischen Bau.

Leider stört der um das Gebäude herumgeführte Straßenring die Stimmung der schön gelegenen Wallfahrtskirche.

Einen klaren Tag wählen – häufig rauben Passatwolken auf dem Cumbre-Nueva-Kamm jede Aussicht.

25

Im Gemäuer rund um die Andachtsstätte sonnen sich Eidechsen und Geckos scharenweise. Kommt ein Wanderer näher – husch, sind sie weg. Bergwärts hinter der Straßenschleife beschattet ein Hain mächtiger Kiefern die Rastplätze möglicher Wallfahrer.

Die uralten, knorrigen Baumgestalten, zwischen denen man hindurchschreitet, verleihen der beeindruckenden Stätte einen Hauch archaischer Würde. Hinauf durch diesen von Wiesen und Mandelbaumgärten gesäumten Waldstreifen ziehen Fahrspuren. Ein jeder mag hier gehen, wo es ihm taugt. Wenn er sich nicht von seitwärts abzweigenden Wirtschaftspisten verführen lässt, wird er auf den Beginn eines teilweise gepflasterten Weges treffen, der sich durch den steiler aufsteigenden Bergwald emporzuwinden beginnt. Richtig: wieder ein Teilstück eines Camino real! Der Rest eines der alten »Königswege«, deren Netz ehemals die ganze Insel überzog. Ein Souvenir präautomobilistischer Verkehrsgeschichte La Palmas.

Wo die Ermita steht, soll die Muttergottes in einer Kiefer erschienen sein; die ursprüngliche Kiefer wurde von Baumfrevlern gefällt.

Auf dieser sorgsam aufgeschlichteten Trasse kommt man erstaunlich schnell voran. Allein schon das Interesse an einem solch historischen Bergweg kann die Phantasie beflügeln und damit auch den Schritt. Man mag an reitende Caballeros denken, an Tragtierkolonnen, an geduldige Lastenträger oder an sonst wen und was. Unbeeindruckt davon zeichnet das Astwerk der heutigen Pinien seine Schattenspiele auf den nadelbedeckten Boden, und das Buschwerk hat längst die noch gut erhaltenen Stützmäuerchen eingebunden.

Eng im Zickzack klettert der Weg zwischen zwei Gräben empor. Einmal ein Blick hinüber zum Sattel der Cumbrecita mit den bizarren Felsgebilden, dann wieder zum spitzen Buckel des Bejenado. Zuweilen auch schimmert der sanft abfallende Hang von El Paso mit dem Mosaik seiner Häuschen zwischen den grob-borkigen Pinienstämmen hindurch.

Heiß kann es im Hang unter der Cumbre allerdings werden. Die Inselsonne bestraft Spätaufsteher. Besonders weiter oben, wo der Anteil an Pinien schütter wird. Wer hier zu schwitzen beginnt, tröstet sich eben mit dem Ausblick aufs Meer. Wenn nicht gerade wieder einmal der Passat seine wallende Wolkenglocke über die Cumbre stülpt. Dann nämlich geistern feuchte Wolkenfetzen durch Baumkronen und Buschwerk. Klatschnaß tropft es von den Ästen auf den Wanderer herab, auf der Kleidung schlägt sich das herantreibende Wolkennaß als Wasser nieder.

Steil mündet der Camino schließlich auf dem Scheitel des Kammes,

25

auf dem meist so bezeichneten **Reventón-Paß**. Ein paar Schritte, dann steht man ein wenig verdutzt auf einer breiten Erdpiste. Was für ein Gegensatz zum Camino real! Nach links zweigt hier an der Wegtafel die **Route zur Hüttenruine** ab (siehe **Wanderung 20**). Wer jedoch oben auf dem Kamm der **Cumbre Nueva** entlangwandern will, muß nach Süden, nach rechts. Dieser gern und viel begangene Fahrweg zieht teils unmittelbar über die Scheitelhöhe, teils unter bebuschten Buckeln ohne größere Höhenunterschiede entlang.

Schon von da aus eröffnen sich immer wieder tolle Tiefblicke auf die von den Siedlungen bevorzugte »Taille« der Inselmitte. Im Westen auf das sanft hinstreichende, lichtgrüne **→ Valle de Aridane** mit seinen weitum verstreuten Häuschen, im Osten auf den steileren Hang, der gegen **→ Santa Cruz** und **→ Breña Alta** zum Ozean abfällt. Das Gehen auf diesem Weg erfordert kaum Aufmerksamkeit. So bleiben die Augen frei für das Schauen. Für diese Vogelschau auf die bewohnte Welt zwischen den Wassern.

Tiefblick vom Kamm der Cumbre Nueva auf das dicht besiedelte Land an der Ostküste.

Die einzige Orientierungsmarke auf der langen Wanderung über das Rückgrat der Cumbre setzt der Reventón. Nach diesem Hügel mit seinen technischen Kommunikationsanlagen zieht die südlich anschließende Vulkankette der Cumbre Vieja endgültig den Blick auf sich. Gewichtig steht da der mächtige Kegel des Birigoyo. Selbst mit freiem Auge fallen Begehungsspuren auf der gewölbten Flanke auf. Dahinter, verkürzt, die ganze grauschwarze Silhouette der Cumbre Vieja, die schließlich in der Deseada kulminiert. Bevor die lange flache Piste endgültig im Buschwald verschwindet, verspricht ein Blick zurück auf die breite Kulisse der **→ Cumbre de los Andenes** im Norden so manche Bergwandervergnügen.

Zugegeben, der letzte Abschnitt des breiten Fahrweges dehnt sich verflucht, und das Zwischenspiel bis zum Refugio El Pilar gibt ein gottlob nur seltenes Beispiel von Buschwald-Monotonie. Das Straßenband, auf das die Cumbre-Piste am Ende trifft, ist asphaltiert. Man verschlafe also nicht, an dieser Einmündung nach rechts auf die Regionalstraße abzubiegen! Nach wenigen Minuten passiert man das Erholungsgelände mit Feuerstätten und Spielplätzen: **Refugio El Pilar**, Rastplatz und Picknickstätte auf einer Lichtung mitten im Pinienwald. Ohne bewirtschaftete Hütte, ohne Unterkunft! Hier also kein Aus-

25

schank, keine Erfrischungen, keine warmen Speisen – aber Kampieren, Biwakieren möglich. Solche Refugios helfen den geselligen Palmeros, ihre Sonntagsfreizeit angenehm auszufüllen.

Nach dieser Raststätte geht man am Rand der Straße mäßig abwärts. Kein Abstieg direkt nach rechts ins Tal, auch wenn dies jemand glauben machen sollte. Erst wenn der begleitende Wald vollends zurücktritt und die Sicht offen wird auf die Caldera-Berge, verläßt man nach rechts die Autostraße, die eine weite Schleife zieht.

Das Erholungsgelände El Pilar bietet an Sonn- und Feiertagen interessante Gelegenheit, die Geselligkeit der Palmeros zu erleben.

Auf der leichten Böschung freier Aschehänge läßt sich's an vielen Stellen angenehm bergab gehen. Wer zudem auf die Schar vorhandener Fußspuren achtet, vermeidet auch in den steileren Partien »Bodenberührung«. Querfeldein schneidet man den seltenen gelben Markierungen nach die weit ausholende Straßenschleife ab.

Vom äußeren Rand des wiederum erreichten Straßenrandes ist der weitere »Weg« durchs Aschegelände des **El Llano de Jable** zu übersehen. Die Route zieht durch leicht geformte Wellen hinunter zu einem bewaldeten Kopf, zu dem auch unübersehbare Fahrspuren hinleiten. Die eine von der Regionalstraße direkt, die andere ausholend in einem S-förmigen Bogen. Man schaue dabei nicht in Richtung Küste, sondern etwa dorthin, wo verborgen in Nordnordwest El Paso liegen muß.

Hinunter durch die übersichtlichen Aschesander ist es ein purer Spaß. Weich, federnd und ohne Hindernisse. Nur einzelne Krüppelkiefern vollbringen das Kunststück, hier als Pioniere zu vegetieren. Man traue sich, großzügig weglos durch diese eigenartige Aschewelt zu spuren, auch wenn's staubt. Ziel: Waldkopf – ohne deutliche Merkmale. Die Fahrspur, auf die man am Waldsaum sodann trifft, lotst, eindeutig befahren, in den Wald hinein. Eine Kette als Wegsperre. Dann quert die gebahnte Trasse durch einen blühenden Gartenhang zu einem nur selten bewohnten Ferienhaus.

Man lasse dies fremde Eigentum ungeschoren. Kurz vorher biegt nämlich nach links eine verwachsene Piste in eine stille Mulde ab, wo sich die Spuren vorübergehend verlieren. Ein schöner Wiesengrund mit Obstbäumen, darin ein rechts, nordöstlich, ansetzendes Tälchen. Hier beginnt unter vergrasten, verfallenden Terrassen neuerlich eine kaum befahrene Pistentrasse – und endet an einem Erdwall. Schluß der Vorstellung? Umkehr? Nein! Denn hinter diesem Wall führt die Fortsetzung in flachen Kehren weiter. An einem aufgelassenen Feld mit steinernem Geräteschuppen entdeckt der aufmerksame Wanderer wieder

25

einen steingepflasterten Camino real. Und bald erkennt er mit Vergnügen, daß dieser alte Weg die Kehren der breit angelegten Piste noch immer gut begehbar abschneidet.

Auch der fortgesetzte Hatsch auf der ausgeschürften Piste für den motorisierten Wirtschaftsverkehr würde zum Ziele führen – umständlicher nach El Paso. Der nur gelegentlich unterbrochene oder überwachsene Pflasterweg hingegen beschwört ein Stück palmerischer Romantik herauf. Ein seltsamer Zauber liegt über diesem abgelegenen Landschaftsteil. Verwilderte Wiesen, steinumfriedete Feldstreifen, Mandelgärten, Steinmäuerchen, die fast durchgehend den reizvollen Weg begleiten.

Hier und da sogar ein roter Farbpunkt auf Steinen. Irgendwo versucht dann auch noch ein roter Pfeil scharf nach links in die Irre zu führen. Man bleibe auf dem deutlichen Pflasterweg! Bei einer Waldvilla in weitem Park erreicht man eine betonierte Fahrspur und geht schließlich bei vornehmen Feriendomizilen an Drahtzäunen vorbei. Unverkennbar, das »Kulturland« kündigt sich an.

Und bald erreicht man ohne Umschweife den Rand eines alten Lavafeldes, in das sich die palmerischen Knusperhäuschen von Las Moraditas mit ihren subtropischen Gärten eingenistet haben. Die bewohnte Welt von **El Paso** hat den Wanderer wieder. Ohne bedeutende Orientierungsprobleme, auch wenn die komplizierte Beschreibung diesen Eindruck zu erwecken vermag. Und vielleicht findet man doch hier und da eine klitzekleine gelbe Markierung.

Die Cumbre Nueva streicht südwärts zur Cumbre Vieja, rechts unter den Wolken das Aridane-Tal.

26 Neues Land aus den Vulkanen

Volcán San Antonio – Volcán de Teneguía –
Faro de Fuencaliente – Volcán San Antonio Karte: D/E 9/10

anspr.
12 km
5 Std.
↓700 m
↑700 m

Tourencharakter: auf gebahnten Wegen durch die fremdartig bizarre Welt des Vulkanismus im Süden der Insel. Besteigung des Teneguía stellenweise heikel und ausgesetzt.
Beste Jahreszeit: Februar bis Juni.
Ausgangs- und Endpunkt: P nördlich Volcán San Antonio, erreichbar von Los Canarios.
Markierung: teilweise, rot.
Einkehr: Restaurants und Bars in Los Canarios.

Der Südzipfel La Palmas bildet eine eigene, eine besondere Landschaftseinheit. Im Landdreieck zwischen → **Fuencaliente (Los Canarios)** und Meer ist hier bilderbuchhaft die vulkanische Entstehung der Insel zu sehen. Junge Krater und Lavamassen vermitteln eine Ahnung davon, wie sehr die unterirdische Vulkanküche noch kocht. Der, geologisch gesehen, kurze Zeitraum seit den Ausbrüchen bot hier der Erosion noch wenig Möglichkeit, die jungvulkanischen Landschaftsformen zu verändern, Schluchten einzuschneiden wie die Barrancos an anderen Orten der Insel. Hier sieht die Oberfläche der Lavaflüsse an etlichen Stellen noch recht »jung« aus, und rundum findet man die mächtigen Gesteinskugeln ausgeworfener »Bomben«. Zaghaft ergreift die Vegetation vom schwarzen Boden wieder Besitz. Rumoren, Rauchen und Feuerspucken hat sich der 1971 ausgebrochene Volcán de → **Teneguía** derzeit zwar wieder abgewöhnt, heiße Schwefeldämpfe entläßt er aber an einigen Stellen immer noch.

Wegverlauf

Aus der Mitte des geruhsamen Dorfes **Los Canarios** senkt sich eine asphaltierte Fahrstraße meerwärts nach Las Indias und Los Quemados. Bald nach den letzten Häusern des Ortes zweigt eine Erdpiste ab zum jetzt geräumig ausgestalteten Parkplatz vor dem **Volcán San Antonio**. An der Einfahrt zahlt man seinen bescheidenen Obulus und erhält schriftlich gute Ratschlägen, wo man gehen darf und was man zu unterlassen hat. Der Parkwächter in diesem geschützten Gebiet wacht über folgsames Benehmen, die Herde der auf einen Ausritt wartenden Dromedare zeigt sich indes völlig desinteressiert.
Der anschwellende Pflichtbesuch des Aussichtsvulkans San Antonio macht eben Regelungen notwendig. Und die in die Landschaft eingepaßten Wege kanalisieren den Zustrom zum höchsten Punkt. Wenige Minuten nur sind es hinauf zum Kraterrand des 1677/78 aus-

26

gebrochenen Vulkans; entstanden soll er freilich schon einige tausend Jahre früher sein. Der ehemals übliche Rundweg auf dem Kamm ist jetzt abgesperrt, die vorwitzig aus dem Südrand herausschauenden Zacken nicht mehr zugänglich. Über dem tiefen Trichter, in dessen Grund bereits wieder Kiefern siedeln, geht es zur Betonsäule des trigonometrischen Punkts. Darunter fällt der Hang ab wie ein schmutziges Turmdach, hinunter zur schwarzen Mondlandschaft der vulkanischen Ausbruchswehen von 1971. Ganz im Süden entdeckt man den Leuchtturm, den Faro. Mit seiner Laterne endet die Insel im Meer. So serviert gleich die erste Station dieser Erkundung den Idealtyp eines erloschenen Vulkans. Gleichsam als Auftakt zu einem Ausflug, der einer Wanderung auf einem unbeschilderten, natürlichen Lehrpfad in Oberflächengestaltung durch Vulkanismus ähnelt. Einen bescheidenen Eindruck von der gleichmäßig steilen Böschung dieser Abhänge gibt der Abstieg vom Westrand des Parkplatzes auf anfangs mit Steinen eingesäumtem Weg, grob gesagt in Richtung Südwest. Einzelne Krüppelkiefern, Büsche und große blühende Stauden beleben das bröselnde Auswurfmaterial. Abwärts geht sich's darauf recht schnell. Eine Wegtrasse mit einem verfallenden Bewässerungskanal aus Beton ist zu kreuzen, dann rutscht man noch einmal ein wenig auf dem Lavagrus bergab bis auf

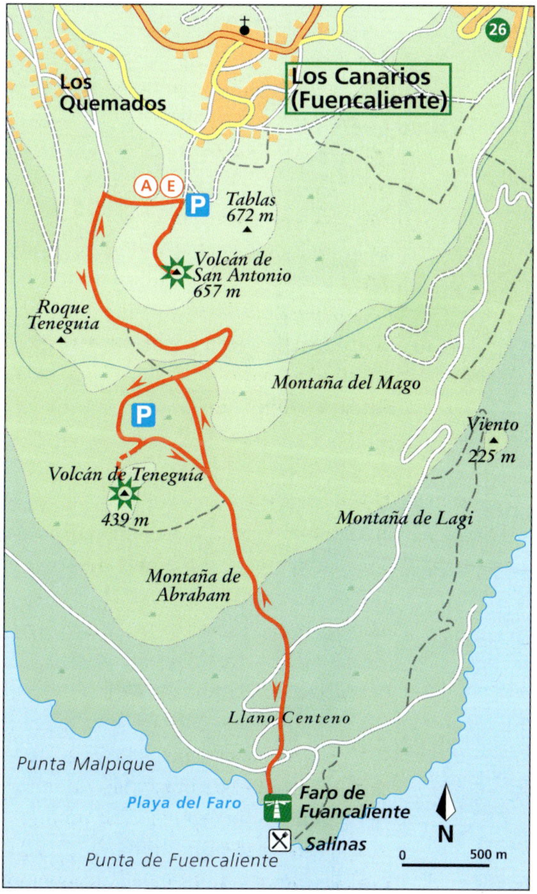

26

eine breit ausgebaute Wirtschaftspiste. Diese Aussichts-Avenue legt sich wie ein Kragen um den Vulkankegel. Ihr folgt man nach links gegen Süden und genießt dabei stets den Rundblick auf Lava, Asche und Meer. Und über allem ziehen die Seevögel wie spielerisch ihre Pirouetten.

Der Blick schweift frei auf die Girlanden der Felsküste mit einzelnen vorgelagerten Riffen. Die Rückenpanzer der Lavaströme haben ihre Kämme ins Meer hinausgeschoben, ärgerlich schäumt die Dünung des Ozeans diese steinernen Hindernisse an. In lebhaftem Kontrast dazu der frischgrüne Saum neu angelegter Bananenplantagen auf den Niederterrassen über dem Meer.

Essen & Trinken

Auf der Rückfahrt vom Inselsüden

Warum da nicht rasten in der Bodegón Tamanca zwischen San Nicolás und Jedey an der Landstraße TF-832 im Südwesten der Insel? Es ist eines der urigsten Lokale La Palmas! Man sitzt zwischen Weinfässern in einem aus der Lava ausgehöhlten Stollen und ißt zu vollmundigem Landwein Fisch »a la plancha«. Selbst im Weinkeller ist Fisch das Hauptgericht auf einer Insel! Ein warmes Wolljäckchen sollte man nicht vergessen, wenn man eine Erkältung vermeiden will.

Später weisen Dromedarspuren in der Vulkanasche rechts abwärts von der Piste zum **Roque de Teneguía** hin, einem freigewitterten Vulkanschlot aus auffallend hellem Gestein. Station zwei des Lehrpfades! Nur gut, daß hier die Petroglyphen, die Felsbilder der Guanchen, auf einzelnen Trümmern so schlecht erkennbar sind, sonst hätten sie Andenkenjäger längst aufgesammelt. Weiter von diesem steinernen Kopf in Richtung Osten zum Vulkan Teneguía soll man nicht! Nicht wie einst auf den Deckeln eines betonierten Wasserkanals mitten durch Steingetrümmer, Lavabomben und Auswurfgeröll, begleitet von hohen Ampferstauden und vereinzelten Büschen übergroßer Margeriten und Wolfsmilchgewächsen. Die Trittspur ist jetzt kaum mehr zu erkennen und teilweise auch von den Trümmern ausgewechselter Betonplatten bedeckt.

Selbst bei Windstille in Los Canarios können Fallwinde am Kraterrand des San Antonio äußerst tückisch sein.

Also weiter auf der Wirtschaftsstraße, auf der Aussichts-Avenue! Bald zweigt nach rechts eine fahrbare Erdpiste ab, hinüber zum weithin sichtbaren **Vulcáin de Teneguía**. Sie kreuzt einen plattenbedeckten Wasserkanal und endet vor dem jungen Vulkan. An ihrem Schluß hat sich die kleine ausgeschobene Fläche zum Parkplatz für die Vulkanbesteiger entwickelt. Zwar hört das anschließend angelegte Wegstück an einem Abbruch auf; rötlich und gelb erhebt sich da die zerborstene Vulkanruine mehr als 100 m aus dem schwarzen Inferno. Doch steigt man auch nur ein Stück auf den Trittspuren den Nordkamm hinauf,

26

blickt man in Schlünde, aus denen heraus sich schuppige Lava emporwindet wie Riesenschlangen. Die vollständige Besteigung ohne gebauten Weg bietet nur trittsicheren Bergwanderern ein sportlich angehauchtes Aussichtsvergnügen. Der Teneguía ist Schaustück drei des Lehrpfades.

Wer nicht genug kriegen kann von Asche und Lava, steigt zurück bis kurz vor die Parkfläche. Dort führt der gebahnte und durchweg von Steinreihen gesäumte Weg rechts abwärts, mitten hinein in die schwarzen, zernarbten Lavamassen. Er zieht zuerst um einen kleinen Krater herum und quert dann fallend die Mulde unter dem Teneguía. Noch riecht es da ein wenig nach Schwefel. Am östlichen Rand der Lavamassen springt man bergab auf Asche und Sand, um schließlich die Fahrstraße zum Leuchtturm und zur Inselsaline zu erreichen. Als Lohn winkt am Ende unter den **Leuchttürmen** zweier Generationen eine schlichte **Bar** über schlingernden Fischerbooten. Direkt am Meer. Für den **Rückweg** bleibt Lava-Wanderern nur die anfangs gleiche Route hangaufwärts, die später durch neue Weinberge direkt zur bereits begangenen Aussichts-Avenue abkürzt. Auch wenn man bergauf im Lavasand einige, immerhin mögliche, Sünden abzubüßen hat. Ein paar Schnaufer noch, dann ist man zurück auf dem Parkplatz am **Volcán San Antonio** und schlägt in der steifen Ozeanbrise dankbar die Wagentüre zu. Vor dem Farbenzauber der Abendsonne über dem Ozean mag man noch ein wenig sinnieren. Über die Begegnung mit Pflanzenindividuen, die, stumm und beharrlich, die schwarze Wildnis zurückerobern. Über Seevögel, die mit ihren Flugkünsten Lavainferno und Vulkanwanderer verspotten. Oder sich einfach nur freuen auf das wartende Fisch-Abendmahl in der Bodegón Tamanca unweit Jedey. Und natürlich über den dort gekelterten Landwein. Denn aus den Lavaströmen entsteht nicht nur neues, ins Meer vorgeschobenes Land, sondern auch ein »vino de mesa« von erdiger Fülle und feuriger Kraft. Ein Prosit auf La Palma!

Variante: Übliche Kurzwanderung: **Vulkan San Antonio – Teneguia**, 2 Std.

Blick vom Vulkan San Antonio die Südwestküste entlang, von Las Indias bis Las Manchas

27 Im Sandgebirge der Cumbre Vieja

Los Canarios (Fuencaliente) – Los Riveros – Volcán Martin, 1602 m – Los Canarios

Karte: D/E 8/9

anspr.

15 km

2½–3/ 5½ Std.

↑900 m ↓900 m

Tourencharakter: Seltsame Wanderung durch Wald und sonnseitige Sandmulden auf und in einen Vulkan; Trittsicherheit erforderlich.
Beste Jahreszeit: Februar bis Juni.
Ausgangs- und Endpunkt: Los Canarios, bei der Kirche.
Verkehrsanabindung: Bus Linie 3.
Markierung: streckenweise.
Einkehr: Los Canarios.

Von → **Fuencaliente (Los Canarios)** zieht sich nach Norden ein ausgedehntes Waldgebiet in die → **Cumbre Vieja** hinauf. Für beliebig auszudehnende Ausflüge eine recht ergiebige Region. Teils führen Erdpisten, teils Fahrwege durch wechselnde kleinere, intime Geländekammern. An manchen Weggabelungen findet man sogar Hinweisschildchen auf die erreichbaren Ziele. Leider stehen die meisten der darauf genannten Namen nicht einmal auf der topographischen Karte. Über dem Wald erhebt sich dann als Südausläufer der Cumbre Vieja ein eigentümliches vulkanisches »Sandgebirge«.

Wegverlauf

Auf brauchbarer Piste durch den Wald lassen sich mit dem Leihwagen mehr als drei Stunden Gehzeit einsparen. In **Los Canarios** zweigt diese Piste östlich der Kirche gegenüber einem kleinen Hotel ab. In einer Schleife steigt sie hinter dem Gotteshaus, an unvollendeten Betonruinen vorbei, zum Sportplatz an. Und dieser Sportplatz hat eine Besonderheit: Er füllt fast gänzlich einen alten Krater aus.

Am Sportgelände wendet sich der Fahrweg scharf rechts und erreicht nach kurzem bei **Los Riveros** ein verstecktes Wiesengelände. Gern möchte man hier verweilen, doch das Täfelchen an einem Baum schickt einen gleich zu Beginn dieser landwirtschaftlich genutzten Verebnung unerbittlich rechtwinklig nach rechts weiter. Durch das Gewirk der Felder hin schlägt der Wirtschaftsweg einen Bogen und gelangt mit einigem Umweg an die bezeichnete Abzweigung »Pino de la Virgen«. Hier nach links – nicht rechts ab auf vergrastem Fahrweg!

In Kurven zieht das deutlich befahrene Sträßchen nun weiter durch unterbrochenen Hochwald, der das sanft kupierte Gelände bedeckt. Nach einer Weile steht – oder hält– man im Ebenen an einer Verzweigung und studiert wiederum eine Wegtafel. Klar: geradeaus.

27

Denn rechts käme man zum Fernsehumsetzer und zur Zona recreativa Fuentes de los Roques.

Jetzt legt der Fahrweg einige wenige Kehren ein und passiert einen merklichen Rücken im Kammverlauf; eine ungewohnte Waldweide überrascht mit ein bißchen Ausblick. Dann dreht die Trasse endgültig nach Norden ab und strebt, an einer links abgehenden Piste vorbei, am steiler werdenden Westhang der Cumbre entlang, Richtung → **El Paso**. An lichteren Stellen im Kiefernforst ist so manches blühende Gewächs aufzuspüren. Ab da hocken am Straßenrand vereinzelt auch unscheinbare Steinmännchen. Aha, die Zufahrt ist also richtig erraten!

An einer aus dem Abhang breit herausgeschürften Straßenverzweigung beginnt das eigentliche Wanderabenteuer.

Genau zwischen den beiden Straßenästen startet bei der versperrten Wasserfassung die mit Steinmännchen markierte Route eindeutig geradeaus aufwärts. Von Steinen gesäumt, windet sich die auf dem Waldboden nur schlecht erkennbare Naturtrasse unbefestigt zwischen den Pinienstämmen nahe am Kammrücken empor. Als nächster

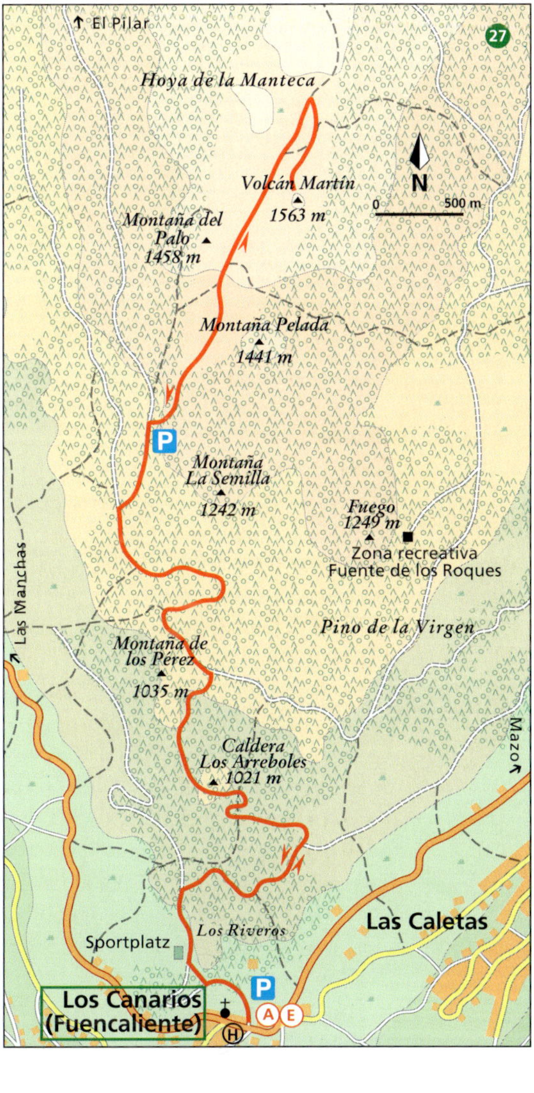

27

Merkpunkt kreuzt der Steig Fahrspuren, die in ein steil ansteigendes Wegstück zur **Fuente Tion** übergehen. Hier wird der Blick hinauf zu Bergkuppen erstmals frei. Von zwei parallelen Steinreihen deutlich eingefaßt, ziehen da im schwarzen Sand unverkennbar Trittspuren durch lichte Pinienjugend empor. Einzelne Markierungen zieren den kräftig ansteigenden Steinsaum, über den auch ein Blinder stolpern muß.

Von hier an sind diese Sandhänge ein ständiger Begleiter. Trittweich, doch selbst in steileren Partien mit nur wenig Mühe zu begehen – wenn man richtig hintritt. Feiner und feinster Lavasand, ausgeblasen bei den Vulkaneruptionen, hingeweht und windgeformt, umkleidet nämlich weithin das steinerne Rückgrat der südlichen Cumbre Vieja. Ein seltsames Sandgebirge, das sich als vulkanisches Souvenir frappierend hoch aufschwingt.

Viele der jungen Pinien, die mit ihren grünen Tupfen die aschgrauen Flächen am Anfang das Sandgebirge lustig beleben, sind angepflanzt. Eine der teilweise erfolgreichen Aufforstungen nach Jahrhunderten des Raubbaus am Wald.

Hat man diesen ersten aufgeforsteten Sandhang vollends bewältigt, steht man vor einer Mulde, blickt in ein Tälchen – und hinauf zu einem Sattel am Kamm. Denn das ist, neben dem sandigen Boden, die zweite Eigentümlichkeit dieser Tour. Ein Sattel, eine Mulde, ein Tälchen und wieder ein Sattel am Kamm. Hinauf, ein wenig hinunter, eben und schließlich wieder bergauf. Anstrengung und, wenn der Atem kürzer zu werden beginnt, wieder Erholung.

Ob die aufgeforstete Pinienjugend wohl auf den schwarzen Ascheflächen alt wird?

Die Replik dieser Kleinformen zwischen den vulkanischen Köpfen prägt den Charakter dieser Route. Gleichsam eine Grundmelodie aus drei variierten Tönen mit unterschiedlicher Begleitung. Und auf jedem Sattel weitet sich zudem der Blick, das Weichbild um Los Canarios bleibt immer weiter zurück.

Den mit Steinreihen eingefaßten Routenverlauf im Detail zu beschreiben wäre Zeilenschinderei. Der Text einiger akribisch scheinender Führenbeschreibungen stiftet mehr Verwirrung, als er nützt. Fast überall ist die jetzt oft begangene Wegspur mit ihrer Steinreihe zu erkennen,

Parkähnlicher Pinienwald kriecht über Los Canarios die Cumbre Vieja empor.

meist mehr, manchmal auch weniger deutlich sichtbar. Absolute Wanderfrischlinge sollten sich eben einer der Führungen anvertrauen. Wer hingegen nicht zum ersten Mal wandert, vermißt die aus den Ostalpen gewohnten Farborgien an Markierungen kaum.

Der erste, südlichste Kopf, an dem die Spur emporkriecht, heißt Pelada (1441 m) – »der Kahlgeschorene«. Seinetwegen weicht niemand vom rechten Weg ab. Für neugierige Steiger voll ungezügelter Leistungsfähigkeit ist der Berg **Montaña del Palo** vom bald erreichten Sattel ein unschwer zu besteigender Aussichtspunkt. Auf diesen Sattel folgt zur Erholung eine kurze Pinienmulde.

Bei der nächsten Geländestufe quert der Steig leicht rechts haltend endlich die gröbere Geröllflanke des 1646 entstandenen **Volcán Martin** (1563 m) zu dessen Nordabsenker. Ein kurzer Abstecher auf dem hier rechts abzweigenden Pfad läßt nicht nur hineinschauen in Martins erstarrten, verfallenden Feuerschlund. Von der tiefsten Stelle im Kraterrand kann man sogar hinein.

In der gegenüberliegenden Wand eine mächtige Höhle, von deren Decke Wasser tropft: die Fuente del Fuego. Zurück am Sattel, sind es nur mehr ein paar Minuten zum endgültigen Tagesziel, zum höchsten Punkt des Vulkans. Zu Füßen ausgebreitet liegt die Südspitze der Insel da, die Gegend um Los Canarios, wie ein Relief aus der Vogelschau.

Bergab läuft der Film »Wandervergnügen im Sandgebirge« in umgekehrter Richtung ab. Gedehnte Mulden und Abhänge – eben schreiten, hinunterspringen. Ein richtiger Spaß ist dieser Abgang durch Hänge und Tälchen in feinem und feinstem Lavasand. Wer hat schon ein solches Bergabvergnügen in einem so hohen Sandgebirge erlebt? La Palma macht's möglich!

Variante: Weiterweg über **Los Bermejales** bis zur **Deseada** (1949 m), 3 Std. Oder Abstieg über das Erholungsgelände **Fuente de los Roques** nach **Los Riveros**, 1 Std. zusätzlich. Volcán Martin kann von Los Canarios aus auch auf der durchgängig rot markierten Route »GR 131« erreicht werden.

28 Der »Dicke« in der Mitte

El Pilar – Birigoyo, 1808 m – El Pilar

Karte: D/E 6/7

mittel	
8 km	
2 ½ Std.	
↑ 375 m ↓ 375 m	
☺	ja

Tourencharakter: vergnügliche »Sonntagsrunde« über Aussichts-Vulkan.
Beste Jahreszeit: Februar bis Juni.
Ausgangs- und Endpunkt: Rastplatz El Pilar, P anfahrbar von der Straße Santa Cruz – Los-Llanos nach westlichem Tunnelausgang auf bezeichneter Regionalstraße.
Markierung: rot. Hinweispflöcke.
Einkehr: Restaurants in El Paso.

Er fällt von → **Los Llanos** aus auf. Er sticht von Osten her aus der Kulisse der → **Cumbre Vieja** hervor. Er steht als markantes Wahrzeichen über dem → **Cumbre Nueva**-Weg. Daß er einen phantastischen Ausblick bieten muß, darauf läßt allein schon seine zentrale Lage schließen. Daß er indes auch leicht und in kurzer Zeit erreichbar ist, weiß nicht einmal jeder auf La Palma.

Wegverlauf

→ **El Pilar** ist mit dem Wagen verhältnismäßig schnell zu erreichen. Hinein in das Wandervergnügen geht es dann durch das hölzerne Eingangsportal »El Pilar«. Zwischen dem letzten Gebäude und einem Holzbrückchen hindurch erreicht man den südlichen Rand der Erholungsfläche. Unmittelbar vor der Abgrenzung aus Felsblöcken zweigt gegenüber dem Wasserbehälter scharf rechts ein gut kenntlicher Weg ab. Seine Bauweise in Querschnitt und Steigung erinnert an alte Köhlerwege der Alpen, die Linienführung aber gewinnt im schattigen Pinienforst rasch mit einer Serpentine an Höhe.

Bei der ersten erkennbaren Wegabzweigung wendet man sich wie von selbst wiederum rechts nach Westen. Über die Fortsetzung geradeaus, die sich sehr bald im Wald verliert, liegen meist Äste. Man steigt nun um den Bauch des Vulkans Birigoyo herum. Was soll da eine genaue Beschreibung. Die Route ist nicht zu verlieren, und den Reiz dieser Landschaft, die Tiefblicke aufs → **Valle de Aridane**, muß man erleben. Ein echter, befestigter Bergweg, kaum steil und gänzlich ungefährlich. Was da ober- und unterhalb auf dem Geröll und in den Gräben alles grünt und blüht! Fast das ganze Jahr hindurch. Denn die gleichmäßig temperierte, feuchtigkeitsgesättigte Seeluft genügt vielen bedürfnislosen Durstkünstlern, ihre Blüten zu entfalten. Im Frühjahr glaubt man sich unter so vielen weiß blühenden Ginsterbäumen gar in einen Kirschblütenhain versetzt.

28

Nach einem kräftigeren Anstieg auf mündet in einer Hangfalte zwischen den Büschen von oben eine wilde Abstiegsspur. Besser als da hinauf, geht man vorerst weiter. Der gebaute Steig zieht zum Merkpunkt zweier einzeln stehender Pinien hinüber. Sodann traversiert er durchs Vulkangeröll zu einer Piste, die durch eine offene Mulde emporstrebt. Diese erdige Waldstraße schlendert man hinauf und muß auf eine kleine, ausgeschobene Verbreiterung achten. Da ist sie! Einige Meter höher im bergseitigen Hang auch ein Steinmännchen. Wenig auffallend zwar zwischen den Steinbrocken, bei ein wenig Achtsamkeit aber zu finden. Das ist das Zeichen, das die Abzweigung zum Birigoyo anzeigt.

Freie Aussicht am Hang des Birigoyo: Die Cumbre Nueva mit der Passatwolkenwalze.

Hier beginnt linker Hand im schütteren Bergwald ein durch das Unterholz eingetretener Steig. Er geht geradewegs zwischen den vereinzelten Minipinien hindurch, ohne Umschweife, ohne Zickzack. Wo der nur mehr spärlich bewachsene Hang an Steilheit zunimmt, ist die Wegspur dann mit Steinen befestigt. Einheimische Gleitschirmflieger buckeln hier ihre Lasten hinauf. Unter dem Kamm eine Plattform, ein Startplatz, auch ein Windsack. Von da aus segeln die bunten Schmetterlingsflügel lu-

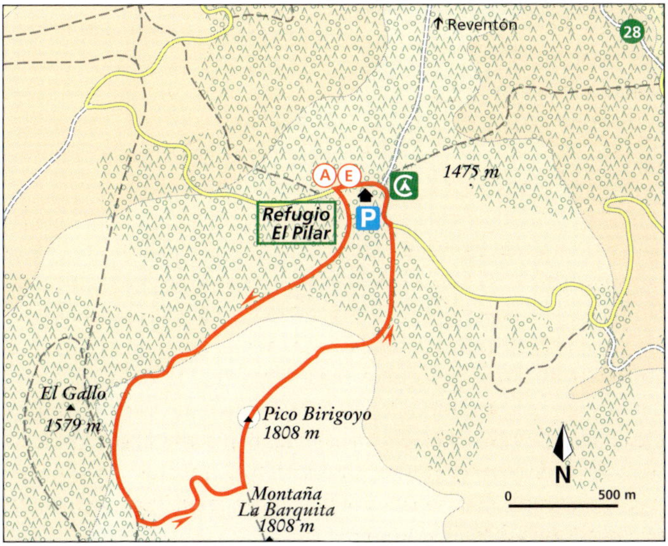

28

stig in die Aufwinde am Hang. Bis weit hinaus zur Küste. Und der Betrachter dieses Schauspiels wartet gespannt, ob ein jeder der Vogelmenschen rechtzeitig die Kurve kriegt, zurück zum festen Land.

Auf dem freien Rücken steigt man auf Trittspuren weiter hinauf. Links der Trichter eines ausgebrochenen Kraters, um den sich der Kammausläufer herumschmiegt. Vor sich das Ziel einer Einsenkung im Gipfelkamm. Sollte es allzu kühl wehen — jenseits des Sattels schützen Büsche ein wenig vor dem Wind. Das gibt es ruhige Plätzchen zur Brotzeit. Und die mit dem Blick nach Südosten auf ein regellos kupiertes, nur selten von Wanderern begangenes Waldgelände, das die Geröll- und Aschehänge unverdrossen heraufstürmt. Beim Genuß der gewohnten Mandeln, beim unvermeidlichen Ziegenkäse und dem geliebten Wein ein charakteristisches Erlebnis. Man schmeckt und riecht den Duft einer exotisch grandiosen und dennoch herben Gebirgsinsel.

Nur noch ein Katzensprung ist's von da aus hinauf zum Gipfel des **Birigoyo**. Die bröckelige Geröllkalotte des großen Kegels steht absolut frei im Raum. Fast 2000 m tiefer brandet auf beiden Seiten das Meer gegen die Küste. Ein schäumender weißer Saum. Besonders eindrucksvoll aber der weite Blick über die Mulde des Aridane-Tales, dieses fröhlichen Wohnzimmers der Insel. Sonnig zumeist, selbst wenn über den Damm der → **Cumbre Nueva** die Passatwolke herüberschwappt. Das Prachtbild schließt in ganzer Breite die → **Cumbre de los Andenes** ab. Der Bejenado hingegen versteckt hinter sich die Geheimnisse der Caldera. Ein wunderbarer Ausguck, dieser Birigoyo! Palmerische Gipfelwanderer haben ihr Hochgefühl hier auf ihre eigene Weise ausgedrückt: Noch im Februar waren just unter dem bescheidenen Gipfelkreuzchen Krippenfiguren aufgebaut.

Tiefblick auf El Paso im Valle de Aridane.

Wirklich, man möchte sich hinausschwingen in die Lüfte, hinaus in den Raum. Dem erdgebundenen Fußgänger bleibt leider nichts anderes übrig, als eben zu Fuß hinunterzugehen. Dazu bietet sich die Pfadspur in der Nordflanke geradezu an. Steiler Zickzack und, so man will, im Grus daneben. Unten jedenfalls ist man mit Hilfe der Stöcke schnell – wenn die Gelenke mittun.

Entlang der Cumbre Vieja

29

El Pilar – San Juan –
Los Canarios

Karte: D/E 6–9

Tourencharakter: auf Piste durch Vulkanspuren und Wald am Westhang der Cumbre Vieja. Mit MTB befahrbar.
Beste Jahreszeit: Februar bis Juni.
Ausgangspunkt: Abzweig der Erdpiste am Mirador Llanos del Jable an der Regionalstraße vom westlichen Tunnelausgang nach El Pilar.
Endpunkt: Los Canarios.
Markierung: keine durchgehende.
Verkehrsanbindung: Taxi zum Ausgangspunkt, Bus Linie 3 vom Endpunkt.
Einkehr: Los Canarios.

mittel

17 km

5 ½ Std.

↓800 m
↑100 m

Die Ruta de los Volcánes mag für manchen weniger konditionsstarken Geher zu anstrengend sein. Obwohl technisch leicht, stellen Länge, Höhe und das wiederholte Auf und Ab ihre Anforderungen. Auf eine Wanderung von → **El Pinar** nach **Los Canarios** müssen solche Wandersleute dennoch nicht verzichten. Ein wenig bekannter Fahrweg führt hoch über der Straße den ganzen Westhang der → **Cumbre Vieja** entlang. Kiefernschatten, Durchblicke auf die noch ursprüngliche Südwestküste sowie vulkanische Überraschungen geben der Route ihren Reiz; nur geringe Gegenanstiege sowie die Busverbindung in Los Canarios sind ein weiterer Vorteil. Ebenso wie die parallele Forststraße am Osthang ist diese durchweg befahrbare Strecke auch eine ausgemachte Mountainbiketour.

Wegverlauf

Die Gehrichtung Los Canarios – El Pilar böte sicher das interessantere Szenario. Zu Anfang hätte man im Bereich Los Riveros – Montaña La Semilla bei Fuencaliente noch ungestreßt Muße, die anmutigen Waldwiesen zu genießen, und das vulkanische Ende bildete das Finale. Doch wären die 800 Hm im stetigen Anstieg zu bewältigen. So beginnt man halt wieder mal bei der obersten Kehre vor **El Pilar**. Dort, am Mirador Llanos del Jable.

Die Piste quert zwischen San Juan und Fuencaliente den lichten Kiefernwald.

Die Wagentür fällt ins Schloß, und sei es die eines Taxis. Man wirft einen Blick von der neu aufgemauerten Aussichtsterrasse auf die schwarzen Sandfelder von El Llano de Jable – so viel feinkörnigen Auswurf hat der Birigoyo 1949 ausgeblasen! Wie immer be-

wundert man den imposanten Gebirgshintergrund der → **Cumbre de los Andenes**, dann geht es hinein auf dem Fahrweg. Auf beiden Seiten blühen Kräuter gelb und rot. Anfangs noch locker, versammelt sich der Kiefernwald um den Weg. Er wird den Wandernden fortan begleiten.

Wieder die kleine Sensation des Vulkans **San Juan**. Dieser mit schwarzgrauer Lava angefüllte Tobel führt wie ein Riß abwärts durch den Kiefernwald. Anno 1949, ausgerechnet am Tag des heiligen Joseph, hat diese unscheinbare Vulkanspalte seine Massen zum Meer hinunter ergossen.

In einer weiten Schleife wendet sich der Weg bergab. Obwohl vor etlichen Jahren durch einen großen Waldbrand angesengt, dämpfen die Baumkronen die kräftige Sonneneinstrahlung. Auf der Straße das Schattenmuster des Kiefernwaldes. Hier und da fällt der Blick den Hang hinab. Unten am Hochufer weicht die von Villen durchsetzte Gartenlandschaft von → **Las Manchas** der erstarrten Lava. Mitten am Weg ein morscher Schuh. Können denn Palmeros diese geröllige Piste barfuß laufen?

Ein Einschnitt, dann der ausgewaschene Abzweig talwärts nach **Jedey**. Hier könnte man mit prachtvollen Ausblicken dem Weiterweg zu Tal entweichen – Abbruch der Tour und Bus Linie 3. Wer weitergeht, stößt auf der Forststraße aufwärts auf das unergründlich tiefe

29

Die 1949 ausgetretenen Lavamassen des San Juan, des merkwürdigen Vulkans im Südwesten der Insel.

Loch der **Hoyo de la Sima**. Ein Zaun, eine Hinweistafel, Stufen führen hinab zu einer Plattform. Auch umrunden kann man den Trichter, nirgends aber ist sein Grund zu sehen. Ein Stück weiter eine mit Bäumen bewachsene Senke. Noch ein Abzweig nach Jedey, danach kurvt das Sträßchen durch zerschnittene Lavazüge. Der böse Cráter de Hoyo Negro hat sie wohl herabgeschickt. Ein schlimmer Gruß von oberhalb, von der Ruta de los Volcánes.

Die Gestaltungsarbeit der vulkanischen Werkstatt ist an dieser jungen Flanke der Cumbre Vieja noch in Betrieb, sie hat nur eine Pause eingelegt. Kräftig entwickelte Barrancos konnten in den Abhang noch nicht einschneiden, das Sträßchen muß keine engen Girlanden schlingen. Aber Kanarenkiefern haben sich überall wieder zwischen die Eruptionsmassen hineingedrängt; die pflanzliche Wiederbesiedlung machte in dem halben Jahrhundert erstaunliche Fortschritte. Wer die Augen offenhält, wird an lichten Stellen noch manches andere blühende Grün entdecken.

Nach etlichen kleineren Windungen im teils steilen Waldhang trifft der Fahrweg an der ausgeschobenen Verzweigung auf die Route Volcán Martin (siehe **Wanderung 27**) und die »Vulkantour« (siehe **Wanderung 30**). Von hier an ist der Weg bekannt. Hier wünschte man sich einen Wagen oder ein Bike, auch wenn sich zu Fuß die eine oder andere Schleife der ausholenden Piste unmarkiert abkürzen läßt. Gut, wenn man da die Route zum Volcán Martin bereits erkundet hat. Auf dem vom vulkanischen Geschehen erstaunlich wenig berührten Schlußstück nach **Los Canarios** klingt dann das Erlebnis der andauernden Formung der Cumbre Vieja auf reizvollen Waldwiesen aus.

Variante: Abbruch der Tour bei der **Hoyo de la Sima** und Abstieg nach **Jedey**, 1 1/2 Std. kürzer.

30 Die grandiose Ruta de los Volcánes

El Pilar – Cráter de Hoyo Negro – Cráter de Duraznero – Deseada II 1937 m – Volcán Martin – Los Canarios Karte: D/E 6–9

anspr.

19 km

6½ Std.

↑ 600 m ↓1400 m

Tourencharakter: langer Höhenweg am Kamm der Vulkanberge mit großartigen Aus- und Tiefblicken; etwas Trittsicherheit erforderlich.
Beste Jahreszeit: Februar bis Juni.
Ausgangspunkt: Rastplatz El Pilar, P anfahrbar von der Straße Santa Cruz – Los Llanos nach westlichem Tunnelausgang Regionalstraße.
Endpunkt: Los Canarios.
Verkehrsanbindung: Bus Linie 3 vom Endpunkt.
Markierung: rot.
Einkehr: Los Canarios.

Die Wanderung über den Kamm der → **Cumbre de los Andenes** ist eine zweifellos großartige Tour. Doch sie erinnert auf höherem Niveau an Kammwanderungen auf anderen Vulkaninseln. Der Ruf der Ruta de los Volcánes hingegen hat sich unter den Inselwanderern als etwas ganz Besonderes etabliert. So sollte man mit diesem Höhepunkt auch den Wanderurlaub auf La Palma beschließen. Mit einem alpinen Furioso in Vulkanismus.

Berggewohnte Gänger mit Kondition bewältigen die Tour an einem einzigen Tag. Und das ohne Schwierigkeit – wenn sie sich recht früh durch Freunde oder Taxi zum Erholungsgelände fahren lassen. Zumal noch am Abend ein Bus von → **Fuencaliente (Los Canarios)** Richtung → **Los Llanos** oder → **Santa Cruz** verkehrt.

Wegverlauf

Von → **El Pilar** wie auf der Tour zum Birigoyo am hinteren Gebäude vorbei zum südlichen Rand des Rastplatzes und gegenüber dem Wasserbehälter scharf rechts auf den Steig durch den Pinienforst. Die Vulkanroute beginnt also auf dem Birigoyo-Weg um den dicken Vulkankegel herum. Und wiederum beeindruckt im Frühling der Hain weiß blühender Ginsterbäume. Man begrüßt die zwei einzeln stehenden Pinien und traversiert hinüber zur Erdpiste, die durch die offene Mulde emporstrebt.

Diese Waldstraße schlendert man wieder hinauf, diesmal aber vorbei an der ausgeschobenen Verbreiterung. Rechts bleibt eine überwachsene Piste unbeachtet. Erst bei der unübersehbaren Mauereinfassung samt Wegweiser verläßt man den Fahrweg nach rechts. Hier geht ein fast ebenes Wandern los in die Westflanke der Montaña Los Charcos. Mitten hinein führen die Steinreihen in einen lichten vulkanischen Naturpark, Gruppen von Ginsterbüschen und vereinzelte

Pinien setzen ihre grünen Tupfer in den schwarzen Lavasand. Nur sanft steigend führt die Randmarkierung geradewegs hin zu einem seichten Einschnitt. Da erst beginnt der Ernst des Lebens. Einzelne auf Felsblöcke gepinselte Markierungen weisen jetzt steiler zur Kammhöhe empor. Gelegentlich sind auch Grenzsteine mit Nummern zu sehen.

Fast erschrecken könnte man am folgenden Abstieg über den Blick in den Ausbruchstrichter des **Hoyo Negro**; 1949 hat er seine Lavamassen zur Westküste hinuntergewälzt. Wie muß es hier gebrodelt haben! Schwarz und zerborsten das nackte Gestein. Eine verbrannte Wunde in der Flanke der Cumbre. Knapp vor dem Kraterrand schlägt der Weg einen Haken und leitet durch schütteren Pinienbestand weiter zu einzelnen Felsköpfen. Da unten – welcher Anblick!

El Fraile, diese Horrorvision einer Vulkanwüste. Ein schauerlicher Kessel voller erstarrter Ausbruchsmassen, abgeschlossen von den Aschebergen des Duraznero und den Vulkanen der Deseada. Wir blieben hier lange stehen: Nie zuvor hatten wir so etwas gesehen.

Muß man vom sicheren Aussichtspunkt wirklich in diese Wildnis zerschrundeter Lava hinunter? Man muß. Die Tritte durch scharfkantige Lava steigen ab in einen Sattel aus Lavasand, ziehen weiter durch Lavabrocken und vereinzel-

30

te Ginsterbüsche in eine weite Aschenmulde. Dürre Baumleichen zeigen, daß diese staubende Landschaft nicht immer so kahl gewesen sein kann. Ein anschließender Aufstieg zur **Deseada II** (1937 m) kostet Mühe. Der Gipfel: Ein hoher Felsrücken, oben drauf ein Vermessungszeichen. Irgendwo findet sich da ein angemessenes Plätzchen. Bald jedoch bohrt sich das scharfkantige Gestein lästig durch das alpin-bewährte Sitzkissen. Also steht man auf, knabbert, zutzelt im Stehen und guckt in die Runde. Ein schmaler vulkanischer Rücken mitten im Weltmeer. Rechts Wasser, links Wasser; einzig der Teide auf Teneriffa ragt als tröstliche Landmarke aus dieser Unendlichkeit heraus.

Wer löst sich gerne von solcher Aussicht! Doch die Tour ist noch lang. Also den schmalen, geröllbedeckten Kamm hinunter, vorbei an Grenzsteinen, zu einer kleinen Erhebung auf dem breiteren Rücken. Am Eck ein seltsam geformtes Felsgebilde wie eine altertümliche Festung. Weiter nach Westen sieht man auf das Kuppengelände der Montaña los Bermejales hinunter und dann aufs Meer. Im Osten hingegen wallen ursprüngliche Kanarenkiefern bis fast zur Kammhöhe und versperren so jede Aussicht. Eine natürlich gewachsene Bergwaldformation, durch Forstwirtschaft oder Raubbau kaum verändert. Mit hübschen Lichtungen, in denen man verweilen möchte. Da zwischen den märchenhaften Baumgestalten könnte einen der Drang überkommen, im Sand zu spielen. Wie in Kindertagen.

Nach einer leichten Gegensteigung führt der Weg in eine uhrglasflache Mulde und verläßt die Kammhöhe durch ein fast nacktes Sandtälchen abwärts, gleichsam durch einen Schlauch zwischen Hügeln. Wegzeichen leiten durch

Auf der »Ruta de los Volcánes«: Blick von der Cumbre Vieja nach Norden. Der »Wasserfall« der Passatwolken ergießt sich über die Cumbre Nueva.

30

einen parkähnlichen Pinienhain abwärts in die nächste Senke voll angenehmem Sand. Ein wenig ansteigend umgeht der Weg einen dunklen Vulkankegel links zu einer flachen Einsenkung. Auf dem folgenden, hier steinigen Verbindungskamm drängt sich eine kleine geschützte Verebnung unter dem Schirm einiger Pinien geradezu als letzter Rastplatz auf. Windstill geborgen ist man hier, und das aus einfachen, klaren Linien gefügte Bild des gelb-rot gefärbten Vulkans Martin samt seiner Umgebung steht über dem offenen Brotzeitrucksack.
Die Kammhöhe bildet die Brücke zum Aussichtsvulkan, über dem ein Falke seine Flugkünste produziert. Für Martins Gipfel und Krater fehlt meist die Lust zur Fleißaufgabe. In der Geröllflanke des Vulkans schlurft man lieber zum Sattel unter der Hoya de Manteca hinüber. Und dann folgt der Abgangsspaß durchs »Sandgebirge« wie bei Wanderung 27. Wiederum Tälchen und Hänge in feinem und feinstem Lavasand. Aber Vorsicht: den durch die Steinsetzungen markierten Weg nicht verfehlen! Im Rausch der Abfahrt hat hier schon mancher die Route verloren. Dann gibt es nur ein »Wieder-zurück-und-Hinauf« zur letzten Markierung. Auch wenn man noch so stöhnt!
Von der letzten Wegtafel »Ruta de los Volcánes« an der ausgeschobenen Abzweigung nach → **El Paso** ist die Piste zur Kirche **Los Canarios** leider eine wenig erfreuliche Angelegenheit. Ein langer, langweiliger Ausklang der grandiosen Tour über die jungen Vulkane der Cumbre Vieja. Kein Trost, daß ihre Entstehung schließlich auch 400 Jahre brauchte. Entdeckungen wollen erobert sein.

»Die Vulkantour auf dem Kamm der Cumbre Vieja gehört zu den schönsten Inselwanderungen …« (Rolf Goetz 1997).

Variante: Umkehr auf der **Deseada** nach El Pilar, 5 1/2 Std.

Vorhergehende Seite: Perfekt restauriert: die Kirche »Nuestra Señora de los Angustias«.

▶ ASTROPHYSIKALISCHES OBSERVATORIUM

Seehöhe: 2100–2400 m | *Karte: D 3* | *Wanderungen: 23, 24*

Im Gipfelbereich des Roque de los Muchachos liegt eine der bedeutendsten Sternwarten der Welt. Die Luft ist besonders klar und sauber, der Nachthimmel extrem schwarz. Auf 2 km^2 betreiben 13 Staaten ihre Forschungseinrichtungen im Rahmen »Istituto de Astrofísica de Canarias IAC«. Spanien stellt Gelände und Infrastruktur; es hat Überfliegen und Funkverkehr gesetzlich beschränkt und die Straßenbeleuchtung der Insel zur Minderung der »Lichtverschmutzung« auf gelbe Farbe umgestellt. Im Gegenzug benutzt es die Anlagen zu 20% mit.

»Urbanisation« der Wissenschaft am Roque de los Muchachos.

Der Bau wurde 1979 begonnen, das Observatorium 1985 eingeweiht. Gegenwärtig sind 4 Teleskope mit Spiegeldurchmessern bis 4,5 Metern in Betrieb. Auf die Beobachtungsdaten greifen die betreffenden Forschungsinstitute unmittelbar zu. Auffallende bienenwabenartige Installationen im Gelände dienen der Untersuchung hochenergetischer Strahlung aus dem All. In den Sommermonaten Juli-September hat das Observatorium an jeweils einem Sonntag einen »Tag der offenen Tür«. Der Ausbau des Observatoriums geht weiter, ein neues Teleskop mit 10-Meter-Spiegel ist in Vorbereitung. Und so wird diese wissenschaftliche »Urbanisation« weiterhin hinauswachsen in die Landschaft.

▶ BARLOVENTO

Seehöhe: 548 m | *Karte: E 1/2*
Einwohner: 2600 | *Wanderung 2*

Weitläufig verstreute ländliche Siedlung im weiten Waldgebiet des wolkenreichen, feuchten Nordostens. Die seit dem 16. Jh. bestehende **Pfarrkirche** stammt in der heutigen Form aus der zweiten Hälfte des 17. Jh., im Inneren Barockaltar (1767) mit flämischer Figur der Schutzpatronin »Virgen del Rosario« (Ende 16. Jh./Anfang 17. Jh.) und Taufbecken aus dem 17. Jh. aus Sevilla. Am 7. Oktober »Fiesta del Rosario« mit nachgestellter Seeschlacht von Lepanto 1571. Übernachtungsmöglichkeiten im **Romántica**, dem wohl schönsten Hotel der Insel.

Im Norden bietet der **Mirador de la Montaña del Molino** einen prächtigen Rundblick. An der Nordspitze beim Faro Punta Cumplida schöne **Naturschwimmbecken Piscinas del Fajana** mit Restaurant. Etwas südlich des Dorfes der Stausee **Laguna de Barlovento** in einem Vulkankrater mit Freizeitgelände, Restaurant und Schautafeln zur Flora und Fauna der Region; an der alten Straße nach → **Garafía** angelegter Picknickplatz an der Quelle »Las Mimbreras«. An der Nordküstenstraße liegt bei **La Tosca** ein Mirador mit Blick über die Küstenlandschaft, kurz darunter ein berühmter **Drachenbaumhain**. Auf einer Stichstraße sind die für La Palmas Norden typischen Dörfchen Gallegos und Franceses in der reizvollen, »voralpin« anmutenden Landschaft der nördlichen Barrancos besuchenswert.

La Laguna speichert nach Jahrzehnten Bauzeit 5,5 Mio. m^3 Bewässerungswasser von den Hängen der Cumbre.

▶ BARRANCO DE LAS ANGUSTIAS

Seehöhe: 0–400 m *Karte: B/C 5/6*
Wanderung 18

Gewaltige, tief eingeschnittene Entwässerungsrinne aus der → **Caldera de Taburiente**. Sie entstand beim Durchbruch durch Schichten des Basalkomplexes und Ausfluß der Caldera-Massen nach Entstehen des Vulkans **Bejenado**, dadurch Aufschüttung der kleinen Küstenebene um Puerto de Tazacorte. Die lange und riesige Schlucht bildet einen Zugang zur **Caldera**; an den Flanken pflanzliche Seltenheiten. Im vorderen Schluchtteil, den die Straße **Los Llanos – El Time** durchquert, stilvoll restaurierte Kapelle zum Gedenken an 40 Mönche, die hier 1570 von Piraten ermordet wurden; schöne Mudejárdecke, flämische Pietà und hl. Michael (frühes 16. Jh.).

▶ BARRANCO DEL AGUA

Seehöhe: 0–1800 m *Karte: E 2/3*
Wanderung 12

9 km lange, ins Meer mündende Schlucht im Gemeindegebiet von → **Los Sauces y Andrés**. Im Mittelteil eine in Basaltformationen durch Fließwassererosion eingesägte wilde Felsklamm. Infolge der Niederschlagsmengen über 1000 mm/Jahr floß hier früher der stärkste Wasserlauf der Insel; durch verstärkte Wassernutzung (gebohrte Stollen) gibt es heute Wasser nur noch nach Winterregen. Den Bewuchs bildet Lorbeerwald. Der untere Abschnitt der Klamm kann weglos begangen werden; Achtung auf Steinschlag! Der Barranco bildet das Kernstück des UNESCO-Biosphärenschutzgebiets → **Los Tiles**; am Barranco-Rand das Informationszentrum mit Ausstellung, einfachem Restaurant und Zeltmöglichkeit.

▶ BREÑA ALTA / BREÑA BAJA

Seehöhe: 344 m/287 m *Karte: E/F 5/6*
Einwohner: 5600 / 3500

Aus mehreren Ortschaften bestehende Gemeinden südlich von → **Santa Cruz** in einer grünen, eher lieblichen Landschaft. In **San Pedro** werden noch Zigarren per Hand hergestellt, in **San José** wird nach vorspanischer Art getöpfert, in beiden Gemeindeteilen Kirchen von Anfang 16. Jh. In Breña Alta Verkauf einheimischer Produkte in »**La Destiladera**« (9 bis 13, 17 bis 19 Uhr), im südlichen Bezirk Erholungsgelände und Stichstraße auf den Monte Breña, 565 m, mit weitem Ausblick auf die Küste. Im Ortsteil La Cuesta interessanter **Marco parque** (Botanischer Garten, Tierpark; Tel. 9 22 41 77, tägl. 10–18 Uhr).

▶ CALDERA DE TABURIENTE

Seehöhe: 430 m-2426 m *Karte: C/D 3/4*
Wanderungen: 16–24

Einheimische Künstler und Gelehrte haben diesen Nationalpark in jahrzehntelangem Kampf durchgesetzt.

Das Naturschaustück der Caldera de Taburiente mit ihrem »Parque Nacional« ist die größte landschaftliche Attraktion der Insel. Ein riesiger Kessel mit einem Durchmesser von 8 km und einer Tiefe von rund 1700 m, eingebettet in den höchsten Vulkandom von über 2400. Innen steile Wände mit Felsnadeln, und auf dem 23 km langen Rand mehr als ein Dutzend Gipfelerhebungen.

Über die Entstehung wurde lange gerätselt. Die ursprüngliche Theorie, dies sei ein Explosions- oder Einsturzkrater, hat man mittlerweile verworfen, den Namen Caldera aber von hier als Begriff für derartig entstandene Krater in die naturwissenschaftliche Fachsprache übernommen. Nach langem Gelehrtenstreit sehen die spanischen Fachleute die Entstehungsursache heute im Abrutschen gewaltiger Gesteinsmassen und in der Ausräumung durch Erosion. Nach Aufbau des Vulkankomplexes → **Cumbre Nueva** und **Bejenado** hat sich demnach der Neigungswinkel der vulkanischen Auflagerungen so vergrößert, daß der größte Teil der Schichten abgeglitten ist und die dadurch freigelegten Felswände nachstürzten. Diese immensen Massenverlagerungen haben auch die Flanke des alten Vulkandoms erfaßt, die Erosion hat dann für die Erweiterung zum heutigen Riesenkessel gesorgt. Zerklüftung der Gänge, lockere Zwischenlagen und unterschiedliche Wasserdurchlässigkeit führen auch in der Gegenwart immer wieder zu Felsstürzen und Muren. Die Caldera ist in Bewegung. Die obere

Desfondada-Wasserfall im Inneren der Caldera

Schichtgrenze des unter dem Meeresspiegel entstandenen und später gehobenen, vulkanischen »Basalkomplexes« und die nach oben durchschlagenden Vulkangänge sind an den Seiten der Caldera zu erkennen. Das rauhe, steile, schluchtenzerfurchte Innere der Caldera ist vorwiegend von **Kiefernwald** bedeckt, den Unterwuchs bilden Zistrosen und gelber Hornklee. An feuchteren Stellen mischen sich Baumheide, Gagelbaum, wilder Avocado sowie verschiedene Ginsterarten in den Bestand. In den Felsen wurzelt vereinzelt Zedern-Wacholder, blühen Hauswurzarten, Gänsedistel, Strauchampfer, eine Eberwurzart, das La Palma-Greiskraut sowie andere Arten. Die Hochgebirgsregion nehmen Codesosfelder ein, dazwischen eine spezielle Flora mit etlichen Raritäten. Insgesamt wurden 380 Arten gezählt, 34 kommen nur auf La Palma vor, 3 davon nur in der Caldera. Die Felswände sind ein Refugium sehr seltener Pflanzen.

Aus zahlreichen Funden weiß man, daß die Caldera schon von den Ureinwohnern zumindest als Weidegebiet genutzt wurde. Petroglyphen, selbst in schwer zugänglichen Wänden, ehemals bewohnte Höhlen und Hüttenreste belegen dies. Wie die verschieden gravierten Keramikfunde zeigen, verlief die Nutzung über viele Jahrhunderte. Die Caldera ist ein Denkmal der Natur- und der Urgeschichte.

Wirtschaftlichen Reichtum liefert die Caldera mit dem Wasser. Noch heute sind von den einst etwa 120 Quellen 70 übrig! Seit 1502 wurde das im → **Barranco de las Angustias** ablaufende eisenhaltige Oberflächenwasser (gelbe Farbe!) aufgefangen und auf die Felder des unteren → **Valle de Aridane** geleitet. Jetzt beuten 20 Wassergalerien (gebohrte Stollen) und Rohrleitungen die Grundwasservorräte aus. Das Wasserrecht lag einst als Privileg bei einzelnen Feudalherren, heute teilt sich eine Erbengemeinschaft von 1800 Eignern Wasser- und Grundbesitz. Ansonsten diente die Caldera nur als gemeinschaftliche Waldweide, der Wald selbst und die übrigen natürlichen Ressourcen blieben weitgehend unberührt. Diese Ursprünglichkeit und die einzigartige Landschaft waren die Gründe, dieses Gebiet als eines der ersten in Spanien unter Naturschutz zu stellen. Der »**Parque Nacional Caldera de Taburiente**« wurde 1954 geschaffen, 1981 auf 4690 ha erweitert und eine Schutzzone von knapp 6000 ha angegliedert. Der Park reicht von 430 m Seehöhe auf 2426 m. Obwohl zum Schutz der Natur und zur wissenschaftlichen Forschung eingerichtet, dient er

Caldera/Nationalpark »Um sie herum eine Landschaft im gewaltigen Aufruhr, weiteste Blicke, tiefste Stürze, wildeste Felsen« (Gerhard Nebel 1965).

ebenso dem Tourismus. Die Nationalparkverwaltung hat das Parkgebiet durch beschilderte Fußwege erschlossen, Aussichtspunkte und einen Zeltplatz angelegt. Feuermachen außerhalb der zugelassenen Installationen und jede Schädigung der Natur sowie Jagd und Weide sind selbstverständlich verboten. Die wissenschaftliche Forschung wird gefördert und vom Aussterben bedrohte Arten werden hinter Maschendrahtzäunen wieder angesiedelt. Nach Beweidungsverbot und Rückgang des Wildkaninchenbestandes infolge einer Seuche erholt sich die Vegetation langsam wieder. Geschätzte 50 000 Wanderer besuchen jährlich den Park. Sie können sich im **Centro Visitantes** am östlichen Ortsende von → **El Paso** an der »Carretera General de Padrón, 47 (tägl. 9–14, 16–18.30 Uhr, Tel. 922 49 72 77), über Natur und Eigenart dieses Nationalparks informieren (Ausstellungssaal, 2 audiovisuelle Vorführungen, Auskunftstheke, Literatur); ein Pflanzengarten ist im Entstehen. Im Besucherzentrum auch Genehmigungen für das Zeltgelände sowie Anmeldung zu kostenlos geführten Wanderungen. Infostellen befinden sich auch auf → **La Cumbrecita** und → **Roque de los Muchachos**. Der Nationalpark ist die bedeutendste Sehenswürdigkeit der Insel. – Lit.: Faltblatt »Caldera de Taburiente« gratis, Führer für den Besuch des Nationalparks der Caldera de Taburiente.

▶ CALDERA-HÖHENSTRASSE (LP. 22)

Seehöhe: ca. 1900–2400 m

Karte: C 2–F 5
Wanderungen: 22–24

Am Gipfel des Roque de los Muchachos: höchstgelegener Parkplatz im Atlantik.

Großartige, asphaltierte Aussichtsstraße über die Außenseite des Calderakamms, der → **Cumbre de los Andenes**. Führt von → **Santa Cruz** nach **Hoya Grande** an der Nordküste. Meist herrlicher Blick auf den Pico de Teide in Teneriffa; unter der **Piedra Lana** das »Monumento al Infinito« zu Ehren der Unendlichkeit, geschaffen vom Kanarischen Universalgenie César Manrique aus Anlaß der Einweihung des → **Astro-physikalischen Observatoriums** im Jahr 1985. Über der Straße verschiedene eingezäunte Anpflanzungen vom Aussterben bedrohter Pflanzenarten. Gekennzeichnete Aussichtspunkte mit Tiefblick in die Caldera: Mirador de Taburiente oder Franceses, Mirador de los Andenes. Etwa bei Kilometer 34 zweigt eine gebührenfreie Stichstraße ab (offen 7–21 Uhr), die durch das Gelände des Astrophysikalischen Observatoriums zum Gipfelparkplatz des → **Roque de los Muchachos** führt. Ein erster Fahrweg über die Cumbre wurde bereits Mitte 19.Jh. von der spanischen Forstverwaltung angelegt.

▶ CENTRO VISITANTES PARQUE NACIONAL

→ **Caldera de Taburiente**

▶ CUMBRE DE LOS ANDENES

Seehöhe: bis 2426 m | *Karte: C-E 3/4*
Wanderungen: 20–24

Cumbre de los Andenes: Das Hochgebirgswandergebiet der Insel mit meist klarster Sicht.

Hochgebirge des hufeisenförmigen Calderekammes, im zentralen Abschnitt mit Durchschnittshöhen über 2200 m, Baumgrenze um 1800 m. Wenig ausgeprägte Kuppen im Kammverlauf sowie einzelne Felsköpfe brechen mit steilen Wänden gegen die Caldera ab. Auf der Außenseite dacht die von Barrancos angeschnittene Cumbre gegen das Meer hin ab. Dem Kamm entlang verläuft die → **Caldera-Höhenstraße**; höchste Erhebung ist der → **Roque de los Muchachos**, 2426 m, mit → **Astrophysikalischem Observatorium** im Gipfelbereich. Einheimische bezeichnen als »Andenes« nur den zentralen Kammabschnitt.

Das Gebirge ist der Überrest eines alten, einst über 3000 m hohen Schichtvulkans, aufgebaut auf dem in der Caldera aufgeschlossenen »Basalkomplex« stark emporgehobenen Meeresbodens. Das Auslaufen abrutschender Schichten durch den Durchbruch des → **Barranco de las Angustias** sowie die Ausräumung der Caldera durch die Erosion hat vom alten Vulkandom den Cumbrekamm stehen lassen. In den Höhenlagen sind Windgeschwindigkeiten um 100 km/h häufig. Die Temperaturen gehen nie über 25 °C, im Winter herrscht an mehreren Tagen Frost mit Eis und Schnee; vom November bis Februar auch Starkregen, März bis Oktober regenfrei. Die Kammlagen sind heute weitgehend mit »Codeso«-Büschen bedeckt, die sonstige charakteristische Höhenflora ist bis auf Reste dem starken Verbiß durch Kaninchen und Ziegen zum Opfer gefallen. Der gut gebahnte Höhenweg über den Kamm der **Cumbre de los Andenes** macht La Palma zur echten Bergwanderinsel.

CUMBRE NUEVA

Seehöhe: bis 1435 m — *Karte: E 5/6*
Wanderungen: 20, 25

Verbindungsglied zwischen → **Cumbre de los Andenes** und → **Cumbre Vieja**. Über den fast ebenen Kamm mit steilen Buschwaldflanken führt eine Forstpiste; höchster Punkt: Reventón, 1435 m. Der Rücken wird als Rest des Kraterrandes eines alten Vulkans interpretiert, dessen überwiegender Teil ins Meer abgeglitten ist.

CUMBRE VIEJA

Seehöhe: bis 1949 m — *Karte: C/D 7–9*
Wanderungen: 27–30

Geologisch junger (im Gegensatz zum Namen!) vulkanischer Gebirgszug im Süden der Insel, der die geologisch ältere → **Cumbre Nueva** südlich fortsetzt. Die Wetterscheide der beiden Gebirge trennt La Palma in eine feuchtere Ost- und eine trockenere Westhälfte. Der Kamm der **Cumbre Vieja** besteht aus jüngeren, von der Erosion wenig geprägten Eruptivformen mit 120 Kratern und Vulkanen; Wälder mit Kanarischer Kiefer bedecken die stellenweise steilen Flanken. Höchste Erhebung ist die **Deseada** mit 1949 m. In der Gegenwart erstreckt sich die vulkanische Aktivität auf diese Cumbre und ihre Fortsetzung über → **Fuencaliente** zur Südspitze der Insel (Ausbruch des → **Teneguía** 1971); die jüngsten Ausbrüche der Cumbre Vieja erfolgten 1949 (Birigoyo, San Juan, Hoyo Negro)! Über den ganzen Gebirgszug verläuft der großartige Wanderweg **»Ruta de los volcánes«**, jedoch bieten sich auch von Norden wie von Süden aus schöne Ausflüge und Wanderungen an.

Cumbre Nueva (links) und Cumbre Vieja (rechts) über dem Aridane-Tal.

EL PASO

Seehöhe: 664 m — *Karte: D 5/6*
Einwohner: 7200 — *Wanderungen: 7, 25*

Mit mehreren Ortsteilen weit in die subtropische Gartenlandschaft am Hang des → **Valle de Aridane** ausgreifende Siedlung in enger Nachbarschaft zu → **Los Llanos de Aridane**. Die Gemeinde liegt an der wichtigsten Verkehrsachse Ost-West (»El Paso« bedeutet soviel wie

»Durchgang«), die Schnellstraße TF-812 umfährt jedoch im Süden den bescheidenen neueren Ortskern mit zentralen Diensten und vielfältigen Einkaufsmöglichkeiten (großer Supermarkt, auch deutsche Produkte). Landschaftlich sehr reizvoll von Bergen eingerahmt und vor Passatwolken geschützt, hat sich hier eine Kolonie deutscher Residenten gebildet, im Gemeindegebiet liegen auch die meisten der Mietbungalows sowie zahlreiche Restaurants mit verschiedenartiger Küche.

In El Paso ist Deutsch fast so etwas wie die zweite Landessprache.

Sehenswert ist der **Vogelpark »El Paraiso Aves«** mit Freiflughalle und **Orchideenhaus** (tägl. 10–18 Uhr), der **Kaktusgarten »Cactus Palmex«** (Di, Mi, Do 10–18 Uhr, über 660 Arten) sowie auf 14 000 m^2 der **Kulturpark »Pueblo Parque«** (Mo–Sa 10.30–18 Uhr, Geschichte, Kultur, Führungen, Eselreiten für Kinder) mit Pflanzengarten und Restaurant, alle an der Durchgangsstraße ausgeschildert. ℹ deutsch: Info Center La Palma, Calle Antonio Pino Pérez, 3 (unterhalb Bus-Haltestelle), Tel.+Fax 922 49 74 68 (9 bis 14, 17 bis 20 Uhr, E-Mail infocenter@la-palma.com), auch Vermittlung verschiedener Leistungen, Verkauf deutscher Literatur, Zeitungen und Zeitschriften sowie einheimischer Produkte.

Am östlichen Ortsrand das **Besucherzentrum für den Nationalpark → Caldera de Taburiente**, Centro de Visitantes, Carretera General da Pádron 47, Tel. 922 49 72 77, in der Nähe Straßenabzweigung nach **→ La Cumbrecita** und zur **→ Ermita de la Virgen del Pino**. Im Gemeindegebiet Fundstellen von Petroglyphen, z.B. »La Fajana« (**→ Wanderung 7**). El Paso ist fruchtbares Landwirtschaftsgebiet mit Obst- und Mandelanbau; an der alten Landstraße stehen noch prächtige Höfe. Später kam Seidenraupenzucht mit bedeutender Seidenherstellung und Tabakanbau auf (Seidenmuseum mit Seidenwerkstatt in der Calle Manuel Taño 6, Tel. 922 48 56 31). Einfach herrlich ist es, im Urlaub in den Gärten von **El Paso** zu residieren.

▶ EL PILAR (REFUGIO EL PILAR)

Seehöhe: 1450 m *Karte: E 6*
Wanderungen: 25, 28, 29, 30

Rastplatz und Erholungsgelände (zona recreativa) im Kiefernwald am Paß zwischen **→ Cumbre Nueva** und **→ Cumbre Vieja**; Grillplätze und viele Einrichtungen für die Freizeit der Palmeros. Gegenüber einfacher Campingplatz; Genehmigung mit Reservierung bis 14 Tage vor dem Besuch telefonisch oder über Fax beim Besucherzentrum für den

Nationalpark in El Paso (Tel. 922 49 72 77). Zufahrt auf asphaltierter Lokalstraße, sowohl von Osten, als auch von Westen. El Pilar ist Ausgangspunkt für zahlreiche Wanderungen und Spaziergänge.

▶ EL TIME → Mirador El Time

▶ ERMITA DE LA VIRGEN DEL PINO

Seehöhe: 900 m *Karte: D 5*
Wanderung 25

Rustikale Wallfahrtskapelle am westlichen Beginn des »camino real« über die → **Cumbre Nueva**. Im verschlossenen Gebäude Statuette der Heiligen Jungfrau von der Kiefer, die nach der Legende in einer alten Kiefer erschienen sein soll. Der Baum ist längst gefällt. Alle Jahre festlicher Umzug der Marienfigur für eine Woche nach → **El Paso** (Anlaß für eine großer Fiesta).

▶ FUENCALIENTE

Seehöhe: 722 m *Karte: D 9*
Einwohner: 1700 *Wanderungen: 26, 27, 29, 30*

Vulkane, Wein, Kiefern und ein netter Ort im Abseits der Ferienzentren.

Südlichste Ortschaft der Insel mit Forstwirtschaft und Weinbau; Restaurants, Bars, Kleinhotels und Fremdenzimmer, Ausgangspunkt für Wanderungen.

Einst Heilbadeort, ist das neuerdings in Los Canarios umbenannte **Fuencaliente** von Osten und Westen auf der guten Straße TF-832 zu erreichen. Der alte Ortsname, zu deutsch »Warmbrunn«, weist auf eine im 17. Jh. durch Vulkanausbruch verschüttete, warme vulkanische Schwefelquelle hin, von der im Mittelalter angeblich sagenhafte Heilwirkung ausging. Das von Asche und Lava bedeckte Gebiet südlich des Ortes ist der Bereich größter Vulkanaktivität der Insel: 1677/78 Eruption des → **San Antonio**, heute gern besuchter Aussichtsberg; 1971 Ausbruch des → **Teneguía** (→ **Wanderung 26**). An der südlichen Landspitze gibt es zwei Generationen von Leuchttürmen und die Saline der Insel. An der Südwestküste befinden sich kleine Badebuchten, die Südspitze gilt als interessantes, aber gefährliches **Tauchrevier**. In den Aschefeldern wird im Trockenfeldbau der berühmte »Teneguía«-Wein gezogen, und daraus werden rund 1,5 Mio. Liter Malvasier sowie gute trockene Weiß- und Rotweine gekeltert (schwungvolles »T« auf dem Flaschenetikett). Der Besuch von Fuencaliente mit einer Weinprobe gehört zum Standardprogramm eines jeden La Palma-Besuchs!

GARAFÍA

Seehöhe: ca. 300 m — *Karte: B 1/2* — *Wanderungen: 3, 4*

Abgelegene, ruhige Landgemeinde im Norden der Insel, die ausschließlich von Landwirtschaft und Viehzucht lebt; kaum Tourismus. Zwischen Barrancos liegen die 15 Weiler sowie zahlreiche urige Einzelgehöfte und Drachenbäume über die kleinen Felder verstreut. Erst seit den 60er Jahren Straßenanschluß. Der Hauptort **Santo Domingo de Garafía** besteht nur aus wenigen steilen Gäßchen mit altertümlichen Häuschen, nur der Ortskern an der schönen »plaza« Baltazar Martín (Volksheld aus Garafía und Verteidiger der Insel gegen Piraten) wirkt leicht kleinstädtisch. Direkt unterhalb die (für die stark geschrumpfte Einwohnerzahl zu große) **Iglesia Nuestra Señora de la Luz**, um 1550 erbaut und Mitte des 17. Jh. durch ein zweites Schiff erweitert; im dämmrigen Innern schöne Mudejárdecke, Barockaltar. Unterkunft bieten nur einige Häuser des »Turismo rural«; Restaurants gibt es, sogar ein sehr gutes: das »Bernegal«, im Kulturhaus ein kleines Ortsmuseum. Die in der etwas rauhen Landschaft gehäuft vorkommenden Felsgravuren (z. B. die Petroglyphen von El Calvario unterhalb des Friedhofs) lassen auf einen Siedlungskern der Ureinwohner schließen. Unter der 200 m hohen Steilküste liegt der verlassene Hafen, oberhalb der stark eingetieften Barrancos ein sehr hübsches Mittelgebirge vor dem imposanten Hintergrund der → **Cumbre de los Andenes**.

IDAFE, ROQUE

Seehöhe: ca. 700 m — *Karte: D 4* — *Wanderung 18*

Auffallender Felsmonolith im Inneren der → **Caldera de Taburiente**. Der freigewitterte Vulkanschlot gegenüber von **La Cuesta del Reventón** ist beim Aufstieg vom → **Barranco de las Angustias** zum Zeltplatz zu sehen. Nach der durch Funde am Gipfel gestützten Legende opferten die Altkanarier an seinem Fuß dem Gott Abora.

Legendäres Kultobjekt der Altkanarier: Der Idafe.

▶ LA CUMBRECITA / LAS CHOZAS

Seehöhe: 1287 m *Karte: D 4/5*
Wanderung 18

La Cumbrecita bietet erste Caldera-Impressionen – auch für Eilige.

Tiefste Einsenkung des Randes der → **Caldera de Taburiente**, auf guter (stellenweise aber sehr schmaler!) Straße von → **El Paso** per Pkw erreichbarer Parkplatz; Info-Häuschen der Nationalparkverwaltung. Kurzer, bequemer und sicherer Zugang auf einem Lehrpfad zum Aussichtspunkt **Mirador de las Chozas**, der einen faszinierenden Einblick in die Caldera bietet.

▶ LAS MANCHAS

Seehöhe: 0–900 m *Karte: C/D 7*

Region im Südwesten der Insel mit mehreren Orten und gepflegten Einzelsiedlungen, ein freundliches Gefüge aus Höfen, hübschen Wohnsitzen, blühenden Gärten und Feldern. Mitten durch das Gebiet zieht sich der Lavastrom vom **San Juan**-Ausbruch 1949. Im Ortsteil **Las Manchas** neuere, architektonisch interessante »plaza«, zwischen **San Nicolás** und **Jedey** in einem Höhlensystem das urige **Weinrestaurant »Bodega Tamanca«**. Südlich schließt sich eine schöne, fast unbewohnte kanarische »Almlandschaft« an.

▶ LAS NIEVES

Seehöhe: 260 m *Karte: F 5*

Hochgelegener Ortsteil von → **Santa Cruz** mit besuchenswertem historischen Wallfahrtskomplex. Das stimmungsvolle Geviert auf einem Vorsprung im Abhang wird seeseitig durch ein eindrucksvolles altes Gebäude abgeschlossen. Aus dem Schatten alter Bäume am Kirchplatz ragt die interessante **Wallfahrtskirche Nuestra Señora de Las Nieves** hervor. Wallfahrtskapelle seit 1517, wurde der heutige Bau 1740 fertiggestellt (Hauptfassade und Glockengiebel 1672, Portal zur Plaza 18. Jh.). Im Inneren ist der Raumeindruck bezaubernd. Eine andachtsvoll abgeschirmte Welt im Dämmerlicht, jenseits aller Fülle an kanarischem Licht. Wie magisch zieht der vierstufige Barockaltar aus getriebenem Silber (1672–1967) den Blick auf sich. Darüber die 80 cm große bemalte Terrakottafigur der »Jungfrau vom Schnee« (14. Jh./Flandern), seit 1534 Schutzpatronin der Insel – und Ehrenbürgermeisterin von Santa Cruz. Die zwischen Romanik und Gotik ste-

Eindrucksvolles Wallfahrtsziel: Die Jungfrau vom Schnee.

»Nuestra Señora de Las Nieves« in der gleichnamigen Wallfahrtskirche.

hende Figur könnte die älteste Heiligenstatue des ganzen Archipels sein. In den Seitennischen flämische Skulpturen (spätes 16. Jh.) sowie flämische Kreuzigungsgruppe (16. Jh.), Madonna und Erzengel Michael. Aus der Kirche wird die Schutzheilige der Insel, die »Madonna vom Schnee«, seit 1680 alle 5 Jahre (2000, 2005 usw.) in der **»Bajada de la Virgen de Las Nieves«** nach **→ Santa Cruz** hinunter geführt. Das große religiöse Volksfest mit bombastischen Veranstaltungen dauert 6 Wochen (Juni-August); unter den Höhepunkten ist die »Danza de los Enanos«, der Tanz napoleonisch verkleideter Zwerge.

▶ LAS TRICIAS → Puntagorda

▶ LOS CANCAJOS

Seehöhe: Meeresniveau *Karte: F 6*
2000 Gästebetten

Die kleine Touristenhochburg für die kleine Insel! Am Reißbrett geplant, funktional und nicht einmal häßlich, ist es das richtige Urlaubsziel für alle, die unter Gleichgesinnten einfach nur am Meer sein wollen. Wellenbrecher aus Beton schützen zwei kleine, künstlich angelegte Strände, was zum Strandurlaub notwendig erscheint, ist vorhanden, ebenso selbstverständlich Einkaufszentrum und Restaurants. Trotz schöner Appartementanlagen – die typische Ausgangsbasis für Wanderer ist das nicht.

▶ LOS LLANOS DE ARIDANE

Seehöhe: 344m *Karte: C5*
Einwohner: 20 000

Quicklebendige moderne Kanarenstadt im **→ Valle de Aridane**, heute größer als **→ Santa Cruz**. In Los Llanos wird offensichtlich Geld gemacht, die Wirtschaft boomt. Zu 40% Anteil am Bananenanbau kommt noch der weiter zunehmende Tourismus. Der erst 1899 zur Stadt erhobene Ort hat wenig »Historisches«, dafür kann man hier um so mehr urban-insulare Lebensweise kennenlernen. Parkplatz findet man im großstädtischen Verkehr auf der doppelspurigen Durchgangs-

Straßencafé auf der »Plaza España«.

straße wie auch sonstwo ebenso schwer wie einen Sitzplatz in den Straßencafés unter den Lorbeerbäumen der »Plaza España«. Auf dem Platz zwischen dem Haus der Gemeindeverwaltung und der **Iglesia de Nuestra Señora de los Remedios** und den umliegenden Avenidas schlägt das Herz der Stadt. Die dreischiffige Kirche (1571–1659) mit Mudejárdecke birgt die Statue der Schutzpatronin (1584/Brüssel) sowie weitere flämische Skulpturen aus dem Ende 16. Jh. An die stimmungsvolle **Plaza chico** (Plaza Elias Santos Abreu – Arzt und Naturforscher aus Los Llanos) schließen sich die winkligen Gassen niederer Altstadthäuschen an. Im Norden an der **Avenida de Tanausú** liegen gepflegte Stadtvillen mit Gärten, und hinter der Markthalle der zentrale Busbahnhof; im Westen wird der Stadtpark gerade aufgefrischt. Dazwischen überall mehrstöckige Gebäude.

Ein Spaziergang lohnt in Richtung → **Barranco de las Angustias** zum Vorort **Argual** mit einem der schönsten Bauensembles: die restaurierten Herrschaftshäuser **Casa Massieu Van-Dale** (17. Jh. – Info-Center, Ausstellung, Kunsthandwerk), das **Monteverde-Palais (18. Jh.)** und die **Casa Sotomayor**. An der Straße zum Nachbarort → **El Paso** warten der Kaktusgarten **»Cactus Palmex«**, der Vogelpark **»Paraiso del Avis«** und der Kulturpark **»Pueblo Parque«** (→ **El Paso**) auf Besuch; alle am Straßenrand ausgeschildert. Am **Lomo de Caballo** guter Blick vom »Mirador de Cancelita« über die Stadt. Neben zweieinhalb Dutzend Restaurants jeder Art bietet **Los Llanos** auch zwei komfortable Hotels (Valle Aridane, Eden) sowie etliche Pensionen und Apartementos. Groß ist auch das Angebot an Kulturveranstaltungen, und sogar »Nachtleben« gibt es. Für urbanes Flair im Inselwesten ist Los Llanos die richtige Adresse. Auskunft für deutsche Inselurlauber bei der Anlauf- und Servicestelle »Contacto« (→ **Kasten S. 151**).

Los Sauces
Bananen und Rum für die Insel.

LOS SAUCES

Seehöhe: 266 m | *Karte: F 2*
Einwohner: 4400 | *Wanderung 13*

Das mit Wasser aus den Cumbrehängen im Lorbeerwald (z.B. Quellen Marcos und Corderos, lange, anspruchsvolle Bergwanderung) reichlich versorgte »Bananenstädtchen« ist das bedeutendste Handels- und Landwirtschaftszentrum im Inselnorden. An der Durchfahrtsstraße TF-830 sieht der Ort sehr städtisch aus mit großer Plaza und mehrstöckigen Häusern. Dahinter steigen die zwischen alten Häuschen verwinkelten Gassen steil an, vorbei an Obstgärten und Bananenfincas. Die 1515 erstmals genannte **Iglesia de Nuestra Señora de Monserrat**, eine der größten Kirchen der Insel, wurde mehrmals umgebaut; im Inneren flämische Pietà, in der Taufkapelle »Katalanische Tafel« (flämisches Gemälde der Madonna von Montserrat aus dem 16.Jh.). Im Städtchen Herberge »El Drago« sowie Restaurant und Bar, im Ortsteil **El Roque** Lokal mit bekannt guter venezolanischer Küche.

In der Umgebung von **Los Sauces** liegt → **Los Tilos**. Im Gemeindegebiet **Los Sauces y San Andrés** wurde früher Zuckerrohr angebaut und zu Rum gebrannt; aus kleinen Pflanzungen erzeugen die »Destilerias Aldea« (Tel. 922 45 06 68) noch heute »Ron Aldea«. Museum: Molino Hidráulico El Regente« (Wassermühle tägl. 11–17 Uhr).

LOS TILOS, SCHUTZGEBIET »LOS TILES«

Seehöhe: 500 m (Forsthaus) | *Karte: E/F 2/3*
Wanderungen 12, 13, 14

Gebiet im → **Barranco del Agua** mit dem weltweit am besten erhaltenen Lorbeerwald; es ist 1983 als UNESCO-Biosphärenreservat »(Monte) El Canal y Los Tilos« unter Schutz gestellt worden. 1998 wurde dieses kurz »Los Tilos« genannte Schutzgebiet als »Los Tiles« von 500 auf 13 420 ha erweitert. Es besteht aus vier voneinander getrennten Naturräumen und umfaßt einen repräsentativen Querschnitt durch die Ökosysteme der vielfältigen, vorwiegend bewaldeten Barranco-Landschaft im Nordwesten der Insel und reicht von den Gipfeln der Cumbre bis zum Meer. Raritäten sind vom Aussterben bedrohte Pflanzen- und Tierarten des Nebelwaldes. In **Los Tilos** Informationszentrum für das Schutzgebiet (Juli-Okt. 8.30–18.30 Uhr, Nov.-Juni 8.30–17 Uhr); Faltblatt gratis. Von hier ist das Kernstück auf ausgewiesenen Wegen zu erwandern. Ein Picknickplatz mit einfachem kanarischen Restaurant (empfehlenswert!) sowie eine Zeltmöglichkeit werden von den Einheimischen in der Freizeit gerne aufgesucht.

▶ MAZO

Seehöhe: 500 m *Karte: F 7*
Einwohner: 5300

An der Ostküste südlich von Santa Cruz gelegene Gemeinde mit 13 über den grünen Küstenhang verstreuten Ansiedlungen. Nur wenige Ortskerne gibt es, so an der TF-832 und der unteren Parallelstraße. Oberhalb der Hauptstraße liegt als eine der ältesten und schönsten Kirchen der Insel **Iglesia de San Blás**; 1512 als Nachfolgebau einer 1495 erwähnten Kapelle errichtet, gegen 1800 wurden zwei Seitenschiffe angebaut. Im Inneren kostbarer Hochaltar (1670), Statuen aus dem 16./17. Jh. und Mudejárdecke über dem Altarraum. Mazo gilt als Zentrum des palmerischen Kunsthandwerks mit staatlicher **»Escuela de Artesania«**; in El Molino berühmte Keramikwerkstatt mit Repliken vorspanischer Töpferei. Durch die Gemeinde verlief 1949 der Lavastrom aus dem Krater des Duraznero, heute wächst darauf der kräftige Rotwein der Lagen »Hoyo de Mazo«. In Mazo wird das berühmteste Fronleichnamsfest der Insel gefeiert mit Teppichen aus Blumen, Moosen und Sand. Unterkunft in Appartementanlagen, empfehlenswerte Restaurants.

Iglesia de San Blás.

Im Ortsteil Sabina liegt die »Cueva del Belmaco«, die Königshöhle der Guanchen. Sie war nachgewiesen um 930 bewohnt, die Felszeichnungen bereits 1752 bekannt. Der Höhlenkomplex ist als Archäologischer Park mit einem Besucherzentrum wieder zur Besichtigung frei (Mo–Sa 10–18 Uhr, So 10–15 Uhr).

▶ MIRADOR EL TIME

Seehöhe: 595 m *Karte: B 5*
Wanderung 10

Aussichtspunkt mit Café, über der zum → **Barranco de las Angustias** abbrechenden Steilwand am Straßenknick der TF-832 gelegen. Unter den vielen, teils unbenannten Miradores der Insel zeichnet er sich durch eine phänomenale Aussicht auf das → **Valle de Aridane** und große Teile der Südwestküste aus.

PARQUE CULTURAL LA ZARZA

Seehöhe: 960-1040 m | *Karte: C 2*
Wanderung 4

Bedeutende Petroglyphen-Fundstellen am altkanarischen Quellheiligtum »Fuente La Zarza« und im anstehenden Gestein über dem meist ausgetrocknetem Bachlauf von »La Zarzita«. Jetzt eingezäunt und nur über das »Centro Visitantes« zugänglich (38787 Garafía, c/Los Guanches s.n., Tel. 922 69 50 05, Winter 11–17 Uhr, Sommer 11–19 Uhr). Das 1998 eröffnete Besucherzentrum vermittelt das notwendige Wissen über die Ureinwohner La Palmas, die »Benahoaries«, und informiert über Flora und Fauna. Die Kultstätte im felsigen Abschluß des seichten Tälchens ist auch landschaftlich reizvoll, die hier eingravierten Motive zählen zu den bedeutendsten Petroglyphen der Insel. Ein Hauch von Vorzeit für den verständnisvollen Betrachter. Auch wenn heute niemand mehr die Symbole sicher zu deuten versteht.

PICO DE LA NIEVE

Seehöhe: 2239 m | *Karte: E 4*
Wanderung 22

Auf der amtlichen Karte nicht eingetragener Aussichtsgipfel; auf markiertem Steig der Nationalparkverwaltung von der »Pista Pico de la Nieve« in gut 1 Std. leicht erreichbar.

PUERTO DE TAZACORTE

Seehöhe: Meeresniveau | *Karte: B 6*
Einwohner: 1700 | *Wanderung 10*

Bedeutendster Fischerhafen der Insel, an der Mündung des → **Barranco de las Angustias** gelegen. Die Bucht mit schwarzem Kiesstrand unter den finsteren Felswänden ist nicht im landläufigen Sinn schön. Doch in einem der »kiosko« fangfrischen Fisch zu essen, während das Meer fast bis zum Tisch schwappt und die Sonne im Ozean versinkt, hat seinen Reiz. Am Abend sind auch die tristen Wohnblocks nicht zu sehen.

Barranco-mündung, Buden und Beton am Meer: Puerto de Tazacorte.

In dieser Bucht landete 1492 Alonso Fernández de Lugo zur Eroberung La Palmas. Heute starten hier Bootsfahrten, auch mit Katamaran, zur 6 km nördlich gelegenen »Cueva bonita« und zur Delphinbeobachtung.

PUERTO NAOS

Seehöhe: Meeresniveau *Karte: C 7*
Einwohner: 500

Größtes Ferienzentrum der Insel, an Badestränden im klimabegünstigte Westen gelegen. Der Ort ist keine Schönheit, die »hinteren« Gassen erinnern manchmal sogar an Bauruinen. An der mit Palmen und Blumen geschmückten Uferpromenade wirkt der schwarzsandige Puerto aber bade-mondän, freilich in bescheidener La Palma-Größe. Am ursprünglichsten ist noch das Nordende mit bunten Fischerbooten. Im Süden schließt das Hotel Nr.1 der Insel, das Hotel »Sol Elite« samt seinen urbanen Appartementanlagen, die bescheidene Skyline. Weitere Appartements teils in mehrstöckigen Gebäuden. Der nahe der Lavazunge des San Juan-Ausbruchs von 1949 entstandene Ort verfügt über alles, was zu einem Ferienzentrum gehört, insbesondere über die besten Badestrände der Insel (Ortsstrand, Playa de las Monjas, Charco verde, El Remo, de la Bombilla, Nueva). Dazu ein Dutzend Restaurants von schlicht bis gehoben. Bike- und Tauchstation fehlt nicht; das Besondere: Paragliden im Huckepack auf der Cumbre.

PUNTAGORDA

Seehöhe: 600 m *Karte: A/B 3*
Einwohner: 1800 *Wanderungen 5 und 6*

»Sollte ich je Resident werden, dann um Puntagorda ...« (Verfasser).

Ort in der idyllischen Hügellandschaft im Nordwesten der Insel. Das abseits der Landstraße TF-832 liegende weitverstreute Dorf mit Kulturzentrum, Bibliothek, landwirtschaftlichem Mustergut und Ausbildungsstätte für Jugendliche kann nicht mit besonderen Sehenswürdigkeiten aufwarten. Auch der »Hafen« bietet nichts als ein kleines Naturschwimmbecken.

Der Reiz Puntagordas liegt in seiner kultivierten Umgebung. In diesem grünen Mittelgebirge werden noch Wein, Mandeln, Feigen, Äpfel, aber auch Getreide und Kartoffeln angebaut. Ein Ausflugsgebiet mit vielen »miradores« und »refugios«, besonders für die einheimischen Städter. Am schönsten ist der Landstrich im Februar zur Zeit der Mandelblüte, die auch mit einem Fest gefeiert wird. An der neuen »Küstenstraße« nach → **Garafia** liegen die weit verstreuten Gehöfte von **Las Tricias** (→ **Wanderung 5**) mit zahlreichen Drachenbäumen und den sehenswerten, einst von Guanchen bewohnten Höhlen von Buracas.

▶ PUNTALLANA

Seehöhe: 417 m *Karte: F/G 3*
Einwohner: 2300 *Wanderung 15*

Aus 5 Dörfern bestehende Gemeinde im Nordosten der Insel entlang der Landstraße TF-830. Das bedeutendste Merkmal ist der hohe Flächenanteil an Lorbeerwald; darin auch der berühmte **Cubo de Galga**. Im Ortsteil **San Juan** Pfarrkirche aus dem 18. Jh. mit kostbaren Statuen, darunter Muttergottes mit Jesuskind (Ende 15. Jh.). Unterhalb der Kirche die mit EU-Mitteln zu einem kleinen volkskundlichen Museum ausgebaute **Casa Luján** (Mo–Sa 9–13, 16–18 Uhr), ein typisch kanarisches Herrenhaus aus der Mitte 19. Jh. mit liebevoll restaurierten Räumen. Das Gebäude zeugt vom vergangenen Lebensstil insularer Großbürger; darin jetzt auch die »Asociación Turismo Rural Isla Bonita«. Die Zufahrt zum schönen Sandstrand der **Playa Nogales** ist ausgeschildert (letztes Stück zu Fuß).

▶ REFUGIO EL PILAR → El Pilar

▶ ROQUE DE LOS MUCHACHOS

Seehöhe: 2426 m *Karte: D 3*
Wanderungen 23 und 24

Höchste Erhebung der Insel, mit einigen Felstürmchen (muchachos!) auf dem Kamm der → **Cumbre de los Andenes**. Der Gipfelparkplatz mit Info-Kabine der Nationalparkverwaltung ist auf gefahrloser Stichstraße von der → **Caldera-Höhenstraße** durch den Schlagbaum des → Astrophysikalischen Observatoriums erreichbar (tägl. offen 7–21 Uhr).

Die »muchachos« (Burschen) am Gipfel des Roque de los Muchachos.

Vom Gipfel überwältigender Rundblick auf die Bergwelt der Insel inmitten des Ozeans mit seinen Wolkengebirgen. Von den »muchachos« aus führt ein 600 m langer Stichweg zum südlich vorgelagerten **Espigón del Roque** mit atemberaubendem Tiefblick in die → **Caldera de Taburiente**.

SAN ANDRÉS

Seehöhe: 40 m *Karte: F 2*
Einwohner: 1100

Das Attribut »Karibischer Traum« ist zwar übertrieben, doch der nahe → **Los Sauces** am steilen Abhang zum Meer hockende schläfrige Ort ist sicher einer der stimmungsvollsten auf der Insel. Alte, behäbige kanarische Bürgerhäuser umgeben zwischen Palmen und quellendem Blumenschmuck die Plaza; steingepflasterte Gassen führen scheinbar immer nur abwärts. Wenn man am Abend vor dem ausgezeichneten Fischrestaurant in magischer Beleuchtung am Rande der Blumenrabatten vor der Fassade der Kirche sitzt, fühlt man sich wirklich auf einer exotischen Insel. Die 1515 gegründete, im 17./18.Jh. erneuerte **Iglesia San Andrés Apóstol** beherrscht das Ortsbild; im Inneren schöne Mudejárdecke und barocker Hauptaltar. San Andrés erhielt bereits 1507 Stadtrecht und ab 1805 die erste Schule außerhalb der Hauptstadt. Es verlor seine Vorrangstellung aber bald an das wasserreiche **Los Sauces**; heute bilden San Andrés und Los Sances eine Gemeinde. Nördlich das schöne, von der Meeresströmung geschützte Bad **Charco Azul** mit Sanitäranlagen, Liegen, Sonnenschirmen und Bar, in der Nachbarschaft der Fischerhafen **Puerto Espindola** mit Fischrestaurant.

SAN ANTONIO, VOLCÁN DE

Seehöhe: 657 m *Karte: D 9*
Wanderung 26

Das Kraterinnere des San Antonio, dahinter Fuencaliente.

1677/78 ausgebrochener Bilderbuchvulkan südlich von → **Fuencaliente** mit ausgezeichneter Aussicht auf den → **Teneguía** und die Südspitze der Insel. Nördlich, knapp unterhalb des Vulkans, gebührenpflichtiger Parkplatz; von dort gebahnter Weg auf den Kraterrand zum Vermessungszeichen; der früher übliche Rundweg um den Krater ist untersagt (Aufsicht), um zu verhindern, daß Steine losgelöst werden und im Krater die seltene Vegetation zerstören; auch das Betreten des übrigen Kratergebiets außerhalb der Wege ist verboten. Dafür führt ein schön hergerichteter Weg vom P hinab zum → **Teneguía**. Eine »Besteigung« des San Antonio ist auch für Eilige ein »Muß«!

SANTA CRUZ DE LA PALMA

Seehöhe: 8 m *Karte: F 5*
Einwohner: 18 500 *Wanderung 1*

»Schatzkästlein Santa Cruz« müßte der Ehrenname heißen – Es ist tatsächlich die schönste Kanarenstadt! Wenn man vom nahegelegenen Flugplatz auf der Schnellstraße einfährt, verrät zunächst nichts die baulichen Schätze. Übliche Hafenanlagen, Containerbetrieb am Kai, lärmendes Verkehrsrondell vor dem Post- und Telegraphenamt. Wie in Monte Carlo steigen darüber die hohen Kästen einer südländischen Hafenstadt den steilen Hang empor. Auch ein Bummel nur durch die Uferstraße »Avenida Maritima« vermittelt nur einen blassen Eindruck. Kaffeehaustische am Trottoir, ein paar Hotels und die viel fotografierte Häuserzeile mit den kanarischen Balkons. Man muß schon von der Küste (P) aus in die Stadt hinein und einen halben Tag für den Besuch aufwenden.

»Die schönste Altstadt der Kanaren!« (ein Kanarenkenner).

Gleich hinter der ersten moderneren Häuserfront liegt, parallel zur Uferstraße, die **Calle O'Daly**, der ursprüngliche Kern der Stadt. Foto- und Souvenirläden, Boutiquen, Büros beherrschen zunächst das Bild dieser nach einer irischen Kaufmannsfamile benannten Bummel- und Shoppingstraße. An der Bergseite entdeckt man dann das Patrizierhaus **Casa Salazar** mit ansehnlicher Renaissancefassade (erste Hälfte 17. Jh.); imposanter ist der Innenhof mit den umlaufenden Holzbalkonen, vier Stockwerken mit der für die Kanaren typischen Kombination von Stein und geschnitztem Holz. Das Haus beherbergt Wechselausstellungen sowie die Touristikinformation. Das Bauwerk zeigt das erste typische Beispiel eines solchen Herrenhauses, das den Reichtum aus Zucker- und Weinhandel der einst herrschenden spanischen, flämischen und irischen Familien repräsentiert. Weitere Beispiele in dieser Fußgängerzone: das Haus des Landvogts **Arce y Rojas**, ein äußerlich eher schlichter Renaissancebau mit kostbarem Innenhof, und das Haus der Familie **Sotomayor**.

Am nördlichen Ende der Calle O'Daly öffnet sich als Mittelpunkt der Altstadt die dreieckige **Plaza España**. Ein feines Ensemble historischer Stadtarchitektur um den **Renaissancebrunnen (1588)** zwischen Kirche mit wehrhaftem Turm, Patriziergebäuden (im linken Haus Fernuniversität) und Rathaus. Die **Statue** des wegen seiner liberalen Predigten von der Insel verbannten Pfarrers **Manuel Hernández Diaz** blickt auf das Treiben am Kirchplatz. Das bemerkenswert schöne Renaissanceportal über der monumentalen Freitreppe lädt zum Eintre-

»Die Stadt hat eine schöne Kirche und einen Statthalter und Ratsherrn ...« (Thomas Nicols um 1560).

ten in die Pfarrkirche ein: **San Salvador** wurde 1503 erbaut und nach der Brandschatzung der Stadt ab 1559 in mehreren Phasen wiedererrichtet; in der Sakristei gibt es noch ein gotisches Gewölbe des ursprünglichen Gebäudes. Im Innenraum gilt die **Holzdecke im Mudéjarstil** als eine der schönsten auf den Kanaren. Unter mehreren bedeutenden flämischen Skulpturen fällt im zweiten Altar des rechten Seitenschiffes die **Kreuzigungsgruppe »El Cristo de los Mulatos«** auf (frühes 16. Jh.), eine Erinnerung an eine Sklaven-Bruderschaft. Auch das Gemälde des Hauptaltars (1837) sowie die Weihwasserbecken sind bemerkenswert. Man muß den Gesamteindruck der großen Kirche in sich aufnehmen: Er bildet gemeinsam mit den Palästen der herrschenden Familien den Zugang zur »christlichen« Vergangenheit dieser Königsinsel.

Der Kirche gegenüber begrenzt eine stilreine Front restaurierter Patrizierhäuser die Plaza. Auf der Seeseite die **Renaissancefassade des Rathauses (1559–1563)** mit Bogengang; an der Front Wappen und Reliefs, u.a. Medaillon **Phillips II**. Innen ein geschnitzter Treppenaufgang und unter der reichen Kassettendecke Wandbilder mit Auswandererszenen aus dem letzten Jahrhundert. Die »Casa Pinto« (18.Jh.) setzt die wohlproportionierte Kulisse fort. Auch jenseits der **Avenida del Puente** weitere interessante Patrizierhäuser (Casa Van de Walle, Fierro, Massieu, Sotomayor). In der parallelen **Calle Dr. Santos Abreu** das **Stadtpalais Casa Jorós (18. Jh.)** mit Kunsthandwerksausstellung im Obergeschoß.

Ein paar Schritte weiter das Karree mit den Stadthotels. Dahinter versteckt sich das voll erhaltene **Fort Santa Catalina (1674)**, jenseits des Barrancos oben am Berg die Überreste des **Castillo de la Virgen**. Hier an der Nordecke der Altstadt überrascht das lebensgroße **Modell der Kolumbus-Kogge »Santa Maria«.**, darin **Schiffahrtsmuseum »Museo Naval«** (Mo bis Do 09.30–14, 16–19 Uhr, Fr 9.30–14 Uhr, Juli bis Sept. Mo bis Fr 9.30–14 Uhr). Christoph Kolumbus war zwar nie auf La Palma, aber im nahen La Gomera; der Nachbau soll daran erinnern, daß Santa Cruz im 16./17. Jh. Spaniens drittgrößter Hafen war.

Der Rückweg sollte über die **Plaza de la Alameda** mit dem Kreuz des Gedenkens an die Conquista führen. Hier serviert der **Maurische Kiosk** beste »tapas«; unter indischen Lorbeerbäumen sitzt man mitten unter den kleinbürgerlichen Lebenskünstlern. In dem harmonisch wirkenden **Quartier Baltasar Martín** passiert man die **Iglesia San Francisco de Asis**. Im 16./17.Jh. in Abschnitten erbaut, besticht auch sie durch finstere Größe sowie durch ihre reich verzierte Täfelung mit Renaissance-Kassetten; in der obersten Nische des Hauptaltars eine spätgotische flämische Statuengruppe, zahlreiche weitere Werke der Malerei, Bildhauerei und Goldschmiedekunst. Im ehemaligen Franziskanerkloster logiert das **Museo Insular** (Mo bis Fr 9.30–13.50, 16–18.20 Uhr / Juli bis Sept. Mo bis Fr 9–14 Uhr, Eingang im Glockenturm) mit interessanten Exponaten aus Archäologie, Heimatkunde, Naturgeschichte sowie mit Werken der bildenden Kunst.

Die berühmte Zeile der kanarischen Balkone an der »Avenida Maritima«.

Noch manche Entdeckung wird der Streifzug über die charakteristischen Treppen und durch die verwinkelten Gassen bescheren. So die für die Insel typische **Kapelle Nuestra Señora de la Encarnación** (an der Stelle der Strohhütten der ersten Prediger) mit flämischer Verkündigungsgruppe aus dem frühen 16.Jh. Oder die kleine stimmungsvolle **Sebastianskapelle**, darin ebenfalls flämische Schnitzwerke. Und schließlich unterhalb des typischen **Stadtviertels Dornajo** den **»Convento de Santo Domingo«** und seine betretbare **Klosterkirche** mit Mudejárdecke und der größten Zahl flämischer Gemälde auf den Kanarischen Inseln. Das »Schatzkästlein Santa Cruz« bewahrt viel an alter Kultur!

Beste Aussicht über die Inselhauptstadt vom **Mirador de la Concepción** (→ **Wanderung 1**) nahe dem Ortsteil **Velhoco** mit Sommerhäusern wohlhabender Stadtbürger. Der Besuch der Wallfahrtskirche »Santuario de Nuestra Señora de las Nieves« im Stadtteil **→ Las Nieves** gehört zum lohnenden Pflichtprogramm; in Mirca zweigt die Straße ab zum Roque de los Muchachos (**→ Caldera-Höhenstraße**).

Geschichte: Der Ort wurde von Alonso Fernández de Lugo, dem Eroberer der Insel, 1493 in der geschützten Bucht gegründet. Stadtnamen und Stadtrecht erhielt die Haupt- und Hafenstadt 1541 durch Kaiser Karl V., dazu als dritte Stadt nach Antwerpen und Sevilla das Privileg des Handels mit Amerika. Der Reichtum dieses Seehandelszentrums lockte im 16.Jh. wiederholt Piraten an; 1553 brannten französische Freibeuter unter François de Le Clerc Santa Cruz völlig nieder. Größer und üppiger erstand es wieder und wurde zudem durch kleine, mit Kanonen bestückte Kastelle befestigt. So konnte 1585 auch der Angriff von Sir Francis Drake abgewehrt werden. Der damals hier unvermeidliche Zwischenstop auf der Segelroute nach Amerika ließ neue Erwerbszweige aufblühen. Schließlich siedelten sich hier auch Kaufleute aus vielen Handelsländern an. Mitte des 17. Jh. zog Teneriffa die Seehandelsprivilegien an sich, Santa Cruz verlor seine Bedeutung im Fernhandel.

Zum »Provinzstädtchen« sank es nie ab; 1773 erhielt es den ersten demokratisch gewählten Stadtrat Spaniens. Im 19. Jh. wurden hier über 120 Überseeschiffe gebaut, es gab eine eigene Zeitung, und 1893 war es auf den Kanaren der Pionier elektrischer Beleuchtung. Heute profitiert Santa Cruz als Hauptstadt und Sitz der Inselbehörden sowie zentraler Dienste indirekt vom langsam wachsenden Tourismus.

Touristik: Es gibt gute Stadthotels (Maritimo, Avenida, Aparthotel Castillete) und Apartamentos, für schmale Geldbeutel auch ein Hostal und drei Pensionen. Zahlreiche Lokale bieten meist recht preiswert kanarische, internationale und italienische Küche an, vorwiegend in historischen Gebäuden. Festliche Höhepunkte sind der Karneval und die Karwoche sowie der Tag des Heiligen Kreuzes. Im **Teatro chico** an der **Avenida del Puente** finden Frühjahrs- und Herbstkonzerte statt, und im **Teatro Circo del Marte** gastieren Theater- und Musikensembles aus ganz Spanien.

(i) Oficina Insular de Turismo Calle O'Daly 22, Tel.922 41 21 06 (Mo bis Fr 8–13, 17–19 Uhr Sa 10.30–13 Uhr / Juli bis Sept. Mo bis Fr 9–13, 17–19 Uhr Sa gleich).

TABURIENTE → Caldera de Taburiente

TAZACORTE

Seehöhe: 100 m *Karte: B/C 6*
Einwohner: 6600

Ort an der Mündung des → **Valle de Aridane**. Bananen, Bananen, und mittendrin mit Meerblick die **Avenida de la Constitución** mit dem von

Tazacortes Bananenplantagen.

Bougainvillea umrankten Laubengang vor der **Sankt-Michaelskirche**. Im mehrfach umgebauten Gotteshaus werden die Reliquien der »Märtyrer von Tazacorte« verehrt, anno 1570 niedergemetzelter Jesuitenmönche. Über der Avenida ein Gewirr schattiger Gassen am Hang. Unterhalb der Kirche aber stehen noch einige Landsitze der Zucker- und Handelsbarone aus dem

16./17. Jh., wie die **Casa van Dale**. Denn die ersten spanischen Siedler pflanzten hier Zuckerrohr – und keine Bananen.

▶ TENEGUÍA

Seehöhe: 439 m | *Karte: D 10*
Wanderung 26

Ruine eines Vulkans, der 1971 binnen 24 Tagen entstanden ist (jüngster Ausbruch des ganzen Kanarischen Archipels); südlich des **→ San Antonio** bei **→ Fuencaliente** in wilder Landschaft gelegen. Lava, Schründe, erstarrte Lavaströme, Asche – das eindrucksvollste und frischeste Beispiel vulkanisch entstandener Geländeformen auf der Insel! In den Aschefeldern wächst jetzt der Teneguíawein. Sichere Berggänger können auf Trittspuren über einen stellenweise noch schwefeldampfenden Grat den Gipfel besteigen. Der Teneguía wird meist im Zusammenhang mit dem **→ San Antonio** besucht.

▶ TIJARAFE

Seehöhe: 663 m | *Karte: B 4*
Einwohner: 2700 | *Wanderungen 8 und 9*

Langgestreckte, aus mehreren Teilen bestehende Ortschaft hoch über dem Ufer der Westküste. Im Ortskern Pfarrkirche **Virgen de Candelaria (um 1700)** mit Barockaltar, Mudejárschnitzereien; kleines **Museum »Casa del Maestro«** mit Gemeindeantiquitäten (8–20 Uhr, Tel. 922 49 00 72). Festlicher Höhepunkt ist Anfang September die **Teufelsverbrennung »Fiesta del Diablo«**.

▶ TIME → Mirador El Time

▶ VALLE DE ARIDANE

Seehöhe: 200–900 m | *Karte: C/D 5/6*

Sanft abfallender Hang zwischen um **→ El Paso** und **→ Los Llanos de Aridane** im klimabegünstigten Westen der Insel (durchschnittlich nur 40 Regentage im Jahr). Einzige größere Verebnung der Insel, bedeutendes Landwirtschafts- und Siedlungsgebiet. Hier liegen auch die meisten Mietbungalows (Fincas); fürs Bergwandern bei Verwendung eines Leihwagens zentral gelegen. Man nimmt an, daß der mit einigen jungen Lavazungen bedeckte Hang durch Abgleiten der Massen des alten **Cumbre Nueva**-Vulkans entstanden ist.

Durchschnittlich nur 40 Regentage im Valle de Aridane.

ANREISE

Flug: Der Flug (Air Berlin, Condor, LTU, Crossair) ist im Pauschalangebot der Reiseveranstalter enthalten. »Nur-Flug« (Individualflug) ist bei den Charterlinien möglich, Auskunft und Buchung im Reisebüro.

Schon am Airport beeindrucken La Palmas Berge.

Die Flugpreise variieren erheblich nach dem Abflugtermin. Günstige Last-minute-Flüge oft auf den Internetseiten der Fluggesellschaften sowie bei speziellen Agenturen. Nicht vergessen: Zwei Tage vor Rückflug Rückbestätigung durch örtliche Reiseleitung einholen (aktueller Abflugtermin!). Charterflug Auskunft auf der Insel: Condor Tel. 922428123, LTU Tel. 922426176.

Fähre: Die Anreise mit der Fähre von Cadiz/spanisches Festland lohnt nur bei längerem Aufenthalt oder Mitnahme des eigenen Pkw.

APPARTEMENTS UND BUNGALOWS

Bevorzugte Unterkunft für Urlaubsindividualisten, auf La Palma vorherrschend. Diese im Angebot oft nicht unterschiedenen Ferienwohnungen konzentrieren sich im Valle de Aridane einschließlich Puerto Naos und an der Südostküste in der Gegend Los Cancajos – Breña Baja / Alto – Mazo. Lagen an der Westküste wie im Raum El Paso – Los Llanos bieten mehr Sonnenstunden und weniger Niederschläge. Reiches Angebot bei mehreren Reiseveranstaltern (z. B. Jahn, Kreutzer) sowie im Internet.

Für Wanderer vorteilhafte La Palma Spezialveranstalter: La Palma Reisen, Friedrich-Ebert-Straße 20, D-85540 Haar, Tel. 0180/2323457 und 089/4602061, Fax 089/4605473, Internet www.lapalma.de; Elke Janke Reisen, Ziegelstraße 16, D-13129 Berlin, Tel. 030/4743997, Fax 030/4743996, Internet www.Janke-Reisen.de. Unterkunftsvermittlung auf La Palma siehe auch → **Unterkunft** → **Turismo rural**.

ÄRZTLICHE VERSORGUNG

Vorhergehende Seite: Straße über den Wolken: Abendstimmung an der Caldera-Höhenstraße.

Berechnung (Liquidation) bei Touristen als Privatpatient, Pauschale für einfache Behandlung ist üblich; Abrechnung bei deutschen Krankenkassen nur nach Einzelleistungen zum deutschen Tarif. Reisekrankenversicherung sehr zu empfehlen! Spanisches Krankenscheinheft auf Berechtigungsschein deutscher Krankenkassen erfordert aufwendigen Umtausch und gilt nicht für Privatärzte (deutschsprachige Ärzte)!

Krankenhäuser: Hospital insular, Tel. 922421850; Centro Salud Los Llanos de Aridane, Tel. 922403070.

Reise-Krankenversicherung nicht vergessen!

Deutschsprachige Ärzte: Allgemeinmedizin: Dr. Kapser, Santa Cruz, Tel. 922413847; B. Seide, Los Llanos, Tel. 922464132; C. Voss, El Paso, Tel. 922486028; Dr. Klassert, S. Antonio, Tel. 922181414. Orthopädie: Dr. H. Schaar, Tel. 922462141. Zahnmedizin: B. Neusser, Los Llanos, Tel. 922401238; L. Hölzel, Los Llanos, Tel. 922460419; Dos Palmas, El Paso, Tel 922497324; Dr. Stenkat, S. Antonio, Tel. 922181063.

AUSKUNFT

Deutschland: Spanische Fremdenverkehrsämter: D-10707 Berlin, Kurfürstendamm 180, Tel. 030/8826543, Fax 030/8826661; D-40237 Düsseldorf, Grafenberger Allee 100, Tel. 0211/6803980, Fax 0211/6803985; D-60323 Frankfurt/M., Myliusstraße 14, Tel. 069/725033, Fax 069/725313; D-80051 München, Postfach 151940, Tel. 089/5389075, Fax 089/5328680.

Österreich: A-1010 Wien, Walfischgasse 8–14, Tel. 0043/1/5129580, Fax 0043/1/5129581.

Schweiz: CH-8008 Zürich, Seefeldstraße 19, Tel. 0041/1/2527930, Fax 0041/1/2526204.

Spanien: La Palma: Oficina Insular de Turismo, Santa Cruz de La Palma, Calle O'Daly 22, Tel. 922412106, Fax 922412106, E-Mail informacion@lapalmaturismo.com; Internet www.lapalmaturismo.com, Mo–Fr 9–13 Uhr; ℹ im Flughafen und in Los Llanos de Aridane, Argnal lasa Massien. Private Info-Firmen mit Unterkunfts- und Leihwagenvermittlung: CONTACTO, Calle General Yagüe 13, Los Llanos de Aridane, Tel. 922463204, Fax 922461266, E-Mail contacto@la-palma.de, Internet www.la-palma.de; Info Center La Palma (alle Antonio Pino Perez 3, El Paso, Tel./Fax 0034/922497468, E-Mail infocenter@ctr.es, Internet www.lapalma-infocenter.com.

Tips

Fragen auf der Insel?

Antworten, Auskünfte, Rat und Tat gibt es in Los Llanos de Aridane seit über 16 Jahren gratis beim deutschen Info-Zentrum Contacto in der Calle General Yagüe 13 (Mo–Frei 9.30–13,30 Uhr, 16–19 Uhr, Sa 9.30–13.30 Uhr, Tel. 922 463204, Fax 922461266, E-Mail contacto@la-palma.de Internet www.la-palma.ce – die Anlaufstelle für deutsche Urlaubsgäste! Dort auch reiche Auswahl an Führern, Karten und Literatur, dazu deutsche Bücherei, Unterkunftsvermittlung, Leihwagen ... Alles im gleichen Laden. Das halbjährlich bei Contacto erscheinende »La Palma Info« sagt mehr über die Insel aus als mancher Führer.

BADEN

La Palma ist keine ausgesprochene Badeinsel! Besonders im Winter drohen beim Baden und sogar beim Spazierengehen am Strand erhebliche Gefahren durch Sog und Unterströmungen. Es kann Seeigel geben, und üble Quallen werden angetrieben, man hat auch Haie gesichtet. Tödliche Badeunfälle sind vorgekommen! Um das freiwillige Rettungswesen kümmert sich der private Verein »Socorro«. Badestrände mit Anzeige der Gefahrensituation durch Flagge (grün = ungefährlich): Puerto Naos an der sonnigeren Westküste, Los Cancajos an der öfter wolkenverhangenen Ostküste; Mehresschwimmbäder: Charco Azul unterhalb Los Sanus, nördlich davon Fajana. Es gibt etliche abgelegene Badebuchten, oft ohne Zufahrt. Die Strände sind schwarz-kiesig bis steinig. FKK ist nur an der Playa des Monjas zwischen Puerto Naos und Charco Verde möglich.

Der Strand von Puerto Naos – nicht immer ungefährlich!

BANKEN → Geld

BEKLEIDUNG

Leichte Freizeitkleidung, Wind- und Regenschutz, im Winter und für kühle Tage und Abende zusätzlich leichte Jacke und Pullover (→ **Reisezeit**). Wanderbekleidung → **Wandern**

BENZIN

Tankstellen sind bedient 7–22 Uhr, einzelne 24 Stunden; sonntags teils geschlossen. Keine Tankautomaten.

BRAUCHTUM → Feiertage

BUNGALOWS → Appartements

BUS → Verkehrsverbindungen

CAMPING

Zelten ist kaum eine Alternative für Wanderer.

Wildes Zelten ist verboten. Offizielle Campingmöglichkeiten mit einfacher Einrichtung, teils ohne sanitäre Anlagen: »Caldera de Taburiente« im Nationalpark; Área de Acampada »El Pilar« und Campamento »El Riachuelo« (Tel. 922497277, Fax 92249 7081); Albergue »San Antonio del Monte«, Garafía (Tel. 922 400029 und 922400102); Zona de Acampada »Laguna de Barlovento«, Barlovento (Tel. 922186002).

Tips

Günstige Reisezeit für Wanderer

Wenn möglich nicht für deutsche Doppelfeiertage – über Weihnachten, Dreikönig oder Fasching – buchen. Ein Blick in die Preistabellen der Veranstalterkataloge sagt, welche Reisezeit besonders kostengünstig ist. Beste Wetter- und Tourenaussichten bietet die »grüne Insel« La Palma in den Frühlingsmonaten März bis Juni.

Eine Genehmigung muß bis zu einer Woche vorher beantragt werden.

DIEBSTAHL

Auf La Palma selten. Einbrüche in Autos können dennoch vorkommen, also möglichst kein Gepäck im unbeaufsichtigten Wagen lassen.

DRACHEN- UND GLEITSCHIRMFLIEGEN

Seit langem auf der Insel üblich. Beliebte Fluggebiete: der Südwesten und die Cumbre Nueva. Die Insel ist nichts für Anfänger! Flugschule mit der Möglichkeit zum Tandemfliegen in Puerto Naos.

EINKAUFEN

Lebensmittel und Alltagsbedarf für Selbstversorger vorteilhaft in Supermärkten bei Santa Cruz, Los Llanos de Aridane, in El Paso und Puerto Naos. In den Dörfern kleinere Läden. »Mercados« (Markthallen) mit frischer, meist einheimischer Ware bis 13/14 Uhr in Los Llanos und Santa Cruz (dort auch Fr 15.30–18 Uhr). Billig sind Zigaretten und Alkoholika. → **Souvenirs** → **Öffnungszeiten**.

EINREISE

Für Bürger der EU-Staaten sowie der Schweiz genügt bei Aufenthalt bis zu drei Monaten der Personalausweis (bis zum 16. Lebensjahr Kinderausweis, ab zehn Jahren mit Foto). Bei EU-Bürgern kaum mehr Ausweiskontrolle auf Flughäfen. Auf der Insel Ausweis mitführen und nicht aus der Hand geben – Kopie kann nützlich sein. Für Haustiere offizielle internationale Bescheinigung notwendig. Für längeren Aufenthalt gelten besondere Bestimmungen.

ELEKTRIZITÄT

220 V Wechselstrom, Steckdosen für Euro-Normstecker.

ESSEN UND TRINKEN

»Nach einer ... Wanderung ... sollten sie mit einem gesunden Appetit die Produkte der heimischen Gastronomie probieren.« (Sofía Menendez 1997).

In den Hotels wird internationale Küche geboten, in den Restaurants auch kanarisch-spanische und italienische. Die bodenständigen Gerichte im Lande sind traditionell einfach, aber rustikal deftig. Sie bestehen aus Landwirtschaftsprodukten der Inseln sowie überwiegend aus Fisch. Inseltypisch sind Kartoffel-, Linsen-, Mais-, Gemüse-, Fischsuppe (sopas, potage) und der kräftige Eintopf »puchero« aus Bohnen, Kichererbsen und Fleisch sowie Fischeintöpfe. Das Hauptgericht besteht aus »a la parilla« gegrilltem Seefisch, Schwein, Lamm, Ziege, Kaninchen oder Huhn, vorher oft in Knoblauchsauce mariniert. Als Beilage werden die geliebten »papas arrugadas« (in Salzwasser in der Schale gekochte und mit Salz bestreute Kartoffeln) gereicht, dazu die unvermeidliche rote oder grüne Mojo-Sauce (pikant scharf, aus Olivenöl, Essig, Knoblauch und Gewürzen). Eine kanarische Spezialität ist das für Fremde fade »gofio« (aus Röstgetreide hergestelltes, mit Wasser oder Milch verknetetes Mehl). Als Vorspeise gibt es auch geröstete Fischchen, Fischkroketten, eingelegte Weichtiere, gebratene Schalentiere und weitere Leckerbissen (tapas). Man trinkt als Aperitif Brandy, Whisky oder Rum, zum Essen spanischen oder einheimischen Wein, gegen den Durst auch Bier (cerveza). Als Nachtisch nimmt man Ziegenkäse, meist geräuchert, »flan« (Karamelpudding) oder eine der kräftigen Süßspeisen (z. B. Bienmesabe, geschlagene Mandelcreme mit Ei, Honig und Rum) sowie einen café solo (Espresso).

Auf La Palma kann man es sich gut gehen lassen!

FEIERTAGE/FESTE

Gesetzliche Feiertage: 1. Januar, 6. Januar (Dreikönig), Rosenmontag, Faschingsdienstag, 19. März (hl. Joseph), Gründonnerstag, Karfreitag, Ostersonntag, 1. Mai, 30. Mai, Fronleichnam, 25. Juli, 15. August (Maria Himmelfahrt), 12. Oktober, 1. November, 6. Dezember, 8. Dezember, 25. Dezember. Fällt einer dieser Feiertage auf einen Sonntag, wird er Freitag vorgefeiert oder Montag nachgeholt – alle Läden sind geschlossen! Fast überall werden auch Christi Himmelfahrt und der 3. Mai (Gründung von Santa Cruz) gefeiert.

Vielfach regionale und lokale Heiligenfeste mit Prozessionen in Trachten und Festgewändern. Märkte werden abgehalten, Folkloregruppen und einheimische Bands treten auf, und nach Mitternacht erreicht die Fiesta ihren Höhepunkt. Manche Feste werden von der »lucha canaria« begleitet, einem urtümlichen Volkssport. Dieser Mannschaftsringkampf von jeweils zwei Gegnern erinnert stark an urige Schweizer Schwingerfeste.

»Die Mädchen sind die schönsten von ganz Spanien. Viele waren schon Miß Spanien ...« (Heinz Junker).

Höhepunkte des Veranstaltungskalenders sind der Karneval in Santa Cruz und Los Llanos mit feierlicher »Beerdigung der Sardine« am Aschermittwoch, das Gründungsfest von Santa Cruz (3. Mai), die »Fiesta de la Virgen de Rosario« in Barlovento (1. Oktobersonntag), der aufwendige Blumenkorso zu Fronleichnam in Mazo sowie die Viehmärkte mit Volksfesten in San Isidro und San Antonio del Monte. Am 3. Mai, dem Tag des heiligen Kreuzes »Dia de la Cruz« (die soeben eroberte Insel wurde unter den Schutz des Kreuzes gestellt, Gründung von Santa Cruz), werden an den Caminos reales Kreuze aufgestellt und phantasievoll geschmückt. Alle fünf Jahre (2005, 2010...) feiert die Insel die berühmte »Bajada de la Virgen de las Nieves«, die Herabkunft der Jungfrau vom Schnee, in Santa Cruz, in ungeraden Jahren am 2. Juli die »Fiesta de los Remedios« in Los Llanos.

FERNSEHEN

Zahlreiche deutsche Programme können über Satellit empfangen werden. In vielen Touristenunterkünften gibt es TV-Geräte.

FLÜGE

Interinsulare Flugverbindungen bestehen mit El Mierro, Lanzarote; mehrmals täglich mit Teneriffa und Gran Canaria; einmal täglich Flug nach Madrid. Auskunft: Flughafen, Tel. 922426100; Iberia-Büro Santa Cruz de la Palma, Calle Apurón 1, Tel. 902400500. Auch in Deutschland über Iberia zu buchen. Charterflüge → **Anreise**

FREIZEITANGEBOTE

La Palma ist keine Insel der »Animation«, sondern ein Ziel fürs Wandern, für Naturgenuß, zum → **Radfahren** oder einfach zum Ausspannen. Daneben ein bißchen → **Baden** im Meer. Inselrundfahrten per

Kleinbus, → **Tennis** und Ausritte zu Pferd sind möglich (→ **Reiten**). Für das → **Tauchen** eignet sich die Insel bedingt, gut jedoch zum → **Drachen- und Gleitschirmfliegen**. Anlagen für einige Sportarten bieten die Hotels. Wer will, besucht Fiestas, Folklore- oder Kulturveranstaltungen aus eigener Initiative. Auskunft gibt die örtliche Reisebetreuung oder das Touristikbüro (→ **Auskunft**). Freizeit auf La Palma heißt »Selbst-Animation«!

GELD

Zahlungsmittel ist der Euro. Kreditkarten werden weitgehend akzeptiert. Geschäftszeiten der Banken/Sparkassen Mo–Fr 8.30–14 Uhr.

HOTELS

Das schönste ***Hotel (La Palma Romatica Tel. 922186221, Fax 922186400) steht im klimatisch weniger begünstigten Norden, an der Hauptstraße oberhalb von Barlovento, die größte ****Hotelanlage Sol Elite (Tel. 922408000, Fax 922408014) am Strand von Puerto Naos. In Los Cancajos gibt es neben der exklusiven Ferienanlage Hacienda San Jorge das ****Hotel Taburiente Playa (Tel. 922181277, Fax 922181285). Etwas Besonderes ist der neue Parador (Tel. 922435828, Fax 922435999, eröffnet Mai 1999) in Breña Baja, Carretera de Zumacal. Alle günstiger zu buchen über Reiseveranstalter; Einzelreisende zahlen mehr! Für den Individualtouristen empfiehlt sich das ausgezeichnete Hotel Valle Aridane (Tel. 922462600, Fax 922401019) in Los Llanos; dort auch Hotel Eden. In Santa Cruz auch gute Stadthotels (Maritimo, Avenida, Aparthotel Castillete). Ein Kleinhotel in Fuencaliente. Weitere Großhotels sind in Planung oder im Bau.

INFORMATION → Auskunft

INTERNET-ADRESSEN

TURESPANA www.tourspain.es; www.geocities.com (englisch mit zahlreichen Links); La Palma: www.lapalmaturismo.com (offizielle Website, Informativ) ; www.la-palma.de (mit La Palma-Links und »La Palma Info«); www.la-palma.com; www.la-palma-magazin.info (Online-Ausgabe »Info Magazin La Palma«); www.la-palma-formen.de; www.lapalma-infocenter.com; www.la-palma-wandern.dc; www.ing.iac.es.

KONSULATE

Deutschland: Honorarkonsul Santa Cruz, C/O'Daly 39, Tel. 922420689; Österreich: Santa Cruz de Tenerife, C/San Francisco 17, Tel. 922243799; Schweiz: Las Palmas de G.C., C/Domingo Rivero, Tel. 928293450.

LEHRPFAD

Cumbrecita (Caldera de Taburiente).

LEIHFAHRZEUGE

Zum Wandern zweckmäßig. Pkw aller Klassen oder Motorräder gibt es für Führerscheininhaber über 21 Jahren tage- oder (günstiger) wochenweise bei unbegrenzter Kilometerleistung inklusive gesetzlicher Haftpflichtversicherung; Vollkasko gegen Aufzahlung. Entleiher haftet für Schäden. Ein üblicher Kleinwagen ist für die meisten Benutzer ausreichend. Fahrzeug im Paket mit Flug und Unterkunft im Reisebüro buchen; auf der Insel Vermittlung durch die örtliche Reisebetreuung! Selbstbuchung vor Ort erfordert Kaution und ist teurer. Vorsicht vor → **Diebstahl**.

Es muß kein Off-Road-Fahrzeug sein.

MUSEEN

Museo Insular, Museo Naval und Casa de Joros in Santa Cruz de la Palma; Centro Visitantes, Parque Nacional Caldera de Taburiente, Vogelpark El Paraiso Aves mit Freiflughalle und Orchideenhaus, Kaktusgarten Cactus Palmex, Kulturpark Pueblo Parque in El Paso; Casa Massien (Info-Zentrum und Kunsthandwerk) in Los Llanos de Aridane Argnal; Parque Cultural La Zarza (Petroglyfen) in der Gemeinde Garafía; Parque Arqueológico de Belmaco mit Info-Zentrum in Mazo; Casa Roja (Fronleichnams- und Stickereimuseum) in Villa de Mazo; Parque Botánico y Fannistico in Breña Alta; Info-Zentrum Los Tilos;

Casa Luján in Puntallana; Santuario de Nuestra Señora de las Nieves; Molino Hidráulico El Regente in San Andrés y Sauces; Museum »Casa del Maestro« (Ethnographisches Zentrum) und »La Venta« in Tijarafe.

NATURPARKS

Der größte Naturpark ist der Parque Nacional Caldera de Taburiente mit der anschließenden Schutzzone des Barranco de las Angustias. Das zweitgrößte Schutzgebiet bildet Los Tiles, das noch andere geschützte Flächen an der Nordküste einschließt. Unter Schutz stehen weitere Schluchten, Lavaflüsse des Südens (z. B. San Juan, San Antonio-Teneguía), der Kamm und die westlichen Kiefernwälder der Cumbre Vieja. Insgesamt ist fast ein Drittel der Inselfläche vom Naturschutz erfaßt. Die Ökologiebewegung ist auf La Palma ausgeprägt.

NOTRUF

Polizei, Feuerwehr, Unfall und Notarzt (auch deutsch): Tel. 112.

ÖFFNUNGSZEITEN

Lebensmittelgeschäfte Mo–Fr 9–13 Uhr, 16–20 Uhr, Sa 9–13 Uhr (Supermärkte durchgehend 8–20 Uhr), andere Geschäfte 9–13 Uhr, 16/17–19/20 Uhr. Souvenirläden in Touristenzentren meist auch am Wochenende geöffnet. Banken Mo–Fr 8.30–14 Uhr.

PANNENDIENST

Die Leihwagenfirmen haben einen eigenen Pannendienst.

POLIZEI

Im Ortsbereich Policia Municipal, außerhalb Guardia Civil bzw. Policia Nacional; Dienststellen sind ausgeschildert. Polizeiliche Anzeigeprotokolle braucht man z. B. bei Diebstahl für die Versicherungen.

POST

Postämter mit allen Postdiensten nur in größeren Orten (9–14 Uhr, Sa 9–13 Uhr); in Dörfern Poststellen mit unterschiedlichen Öffnungszeiten. Postämter bieten keine Möglichkeit zum Telefonieren! Postbank-Sparbuch ist im Ausland ungültig! Gebührenfreie Abhebung nur bei den Filialen der Caja Postal (nicht auf Postämtern!) Santa Cruz und Los Llanos mit Postbank SparCard im »PLUS«-Automat.

RADFAHREN

Auf La Palma wird kräftig geradelt, und das oft mit Wandern kombiniert. Wenn auch als Routen nicht ausgeschildert, sind viele Pisten und Forststraßen echtes Mountainbikegelände; allerdings verlangen die starken Steigungen besonders im Nordteil der Insel Kondition. Führungen und Fahrradverleih in Puerto Naos (Bike Station La Palma, Av. Cruz Roja 3, Tel./Fax 922408355) und Los Llanos de Aridane (Bike ›n‹ fun, Calle Salvo Sotelo 20, Tel./Fax 922401927).

Mit Mountainbikes kann man die naturnahen Forstpisten La Palmas benutzen und damit reizvolle Radtouren abseits des Autoverkehrs unternehmen.

REISEZEIT/KLIMA

La Palma hat ganzjährig Saison. Für Wanderfreunde eignen sich besonders die Monate März bis Juni mit angenehmen Temperaturen um 18–25 °C (Temperaturabnahme mit der Höhe 0,5–1 °C/100 m) und nur seltenen Saharalufteinbrüchen. Passatwolken an Bergzügen sind allerdings eine häufige Erscheinung; darüber, oberhalb von 1500 bis 1800 m ist dabei die Luft trocken und glasklar. Sehr geringe Regenfälle ab März dauern meist nicht lang. Um Weihnachten, im Fasching, zu Ostern und um Pfingsten sowie in den Sommerferien Flug und Unterkunft nur bei rechtzeitiger Reservierung!

REITEN

Geführte Ausritte bietet »Rancho La Palma« in El Paso (Tacanda Malpais) an.

RESTAURANTS

La Palma hat gastronomische Kultur! Restaurants unterschiedlicher Art und Küche konzentrieren sich in Los Llanos, El Paso, Santa Cruz und Puerto Naos. In vielen Dörfern Bars (Kneipen) mit einfacher einheimischer Kost. Im Lande auch Parillas (rustikale Grillwirtschaften). In Bodegas (Weinkeller) und Bodegons kann man auch essen. Die Speisekarten in Restaurants gibt es vielfach auch auf englisch und deutsch.

Einige empfehlenswerte Lokale in den Wandergebieten z. B.: El Bernegal in Garafía; Kiosko Briesta in Briesta / Garafía; Pino de la Virgen in El Pino / Puntagorda; Kioscos Teneguía, Montecarlo in Puerto Tazacorte; La Casona de Argual in Los Llanos / Argual; El Sombrero bei El Paso; Bodega Tamanca in San Nicolás; Llanovid in Fuencaliente; Casa Pancho in Breña Alta; Fischlokal in San Andrés; El Roque im gleichnamigen Ortsteil von Los Sauces.

RUNDFUNK

Die meisten deutschen Programme sind via Satelliten verfügbar!

SOUVENIRS

Als inseltypische Souvenirs werden gern gekauft: einheimische Flechtwaren aus Palmstroh, Korbarbeiten aus Brombeerranken, traditionelle Keramik sowie handgewebte Erzeugnisse und Seidenwaren. Handgedrehte Zigarren und Stumpen aus Tabaken der Insel haben einen eigenen Geschmack.

SCHAUOBJEKTE → Museen

SCHUTZGEBIETE → Naturparks

STRASSEN

Das beschilderte Straßennetz ist gut ausgebaut; die vielfach nicht gesperrten unbefestigten Pisten (Fahrwege) eignen sich teils nur für Geländefahrzeuge; sie sollten möglichst nicht mit dem Pkw befahren werden, auch um Wanderer und Radler nicht unnötig einzustauben.

Wanderer auf unbefestigter Piste.

TAUCHEN

Ein interessantes Tauchgebiet liegt an der Südspitze der Insel, allerdings machen rasche Wetteränderungen und tückische Strömungen das Tauchen gefährlich. Die günstigste Zeit ist Mai bis Oktober.

Tauchbasen mit Schnupperlehrgängen: Centro de Buceo in Puerto Naos (438, am Ortseingang Tel./Fax 922 40 81 39), Puerto de Tazacorte (Calle del Puerto 10 Tel./Fax 922 48 09 11), Fuencaliente (Carretera general 106 Tel./Fax 922 44 40 47) und Tauchertreff La Palma in Los Llanos de Aridane (Camino Las Tijarafenos 33, Tel. 922 46 42 73).

TAXI

Taxiständen in vielen Ortschaften, meist 7–23 Uhr besetzt. Die relativ preiswerte Taxibenutzung (für längere Strecken gibt es Sonderpreise) kann für manche Anfahrten günstiger sein als ein Leihwagen. Für notwendige Rückfahrten von Wanderungen unmißverständliche Vorbestellung nicht vergessen!

TELEFON

Öffentliche Telefonsäulen mit guter Auslandsverbindung in allen Ortschaften. Die Apparate nehmen die Telefonkarte »tarjeta« (erhältlich bei Poststellen und Kiosken); Auslandsvorwahl für Deutschland: 0049, für Österreich 0043 und für die Schweiz 0041. Auskunft 1003, international 25. Handyverbindung auf Mobilfunknetz überwiegend möglich.

TENNIS

Tennisplätze bei Hotels (Sol La Palma, Taburiente Playa, Romantica) und einigen Appartementanlagen. Öffentliche Plätze im Sportzentrum Santa Cruz oberhalb des Hospitals Las Nieves und an der Straße Los Llanos – Puerto Naos. Keine Trainerstunden.

TRINKGELD

In den Preisen ist ein Trinkgeld von 15 Prozent enthalten; zusätzliche Aufrundung von etwa 15 Prozent üblich. Zimmermädchen erwarten ein angemessenes Trinkgeld pro Woche.

TRINKWASSER

Auf La Palma ist das Trinkwasser von bester Qualität, das gilt jedoch nicht überall für die Leitungen. Sicherheitshalber sollte man das einheimische Mineralwasser trinken; im 5-Liter-Kanister »sin gaz« (stilles Wasser) oder »con gaz« (mit Kohlensäure) preiswert.

TURISMO RURAL

Wohnen in mit staatlicher Hilfe restaurierten Gebäuden Einheimischer, die Einnahmen kommen ausschließlich diesen zugute; einige Spanischkenntnisse vorteilhaft. Information und Vermittlung der Häuser im Süden und Westen: Karin Pflieger, Lohkoppelweg 26, D-22529 Hamburg, Tel./Fax 040/5604488, E-Mail TurismoRural.Pflieger@t-online.de, Internet www.la-palma-turismo-mral.de; im Norden und

Nordosten: Asociación Turismo Rural Isla Bonita, Casa Luján, El Pósito 3, App.de Corr. 447, E-38700 Santa Cruz de La Palma, Tel. 922430625, Fax 922430308, Internet www.infolapalma.com/islabonita, www.canary-islands.com.

UNFALL

Rettung und ärztliche Versorgung kostenpflichtig! Reise-Unfall-/Krankenversicherung schützt vor unliebsamen Überraschungen. → **Ärztliche Versorgung** → **Notruf**

UNTERKUNFT

In Küstennähe in den beiden Ferienzentren Puerto Naos und Los Cancajos; dort auch → **Hotels**. In der Umgebung dieser Urlaubsziele sowie im Valle de Aridane (El Paso, Los Llanos de Aridane) zahlreiche → **Appartements** und Bungalows für alle Ansprüche. Diese Unterkünfte werden pauschal mit Flug und Transfer im Reisebüro oder übers Internet gebucht und bezahlt. Bei Buchung Unterschied beachten: »Studios« sind Einzelzimmer mit Koch-/Eßecke, »Appartements« haben 1–2 getrennte Schlafräume. Die Pauschalpreise variieren erheblich nach Abflugtermin; Frühbucher erhalten üblicherweise Rabatt. Angebote der Reiseveranstalter sind preisgünstiger als individuell zusammengestellte Reisen. Günstige Last-Minute-Angebote gibt es bei speziallen Argenturen wie z. B. BUY.bye, Tel. 018 05/85 88 58, Internet www.BUY.bye.de oder im Reisemarkt der Flughäfen. Einige Hotels und Pensionen (Hostals) in den Städten Santa Cruz und Los Llanos de Aridane.

Solche Bungalows sind ideale Unterkünfte für Wanderer, denen Flexibilität wichtig ist und die sich gerne selbst versorgen.

La Palma Spezialveranstalter: → **Appartements**.

In ländlicher Umgebung abseits der Bungalowanlagen sind restaurierte Fincas und Kanarenhäuser des → **Turismo rural** sowie einzelne private Ferienwohnungen zu mieten.

VERKEHRSVERBINDUNGEN

Schiff: Fährverbindungen mit Pkw-Transport einmal wöchentlich mit Cadiz / Spanien und täglich mit Teneriffa. Die Fahrpläne wechseln; sie sind in Touristikbüros erhältlich.

→ Auskunft

Bus: Öffentliche Linien verbinden die wichtigeren Orte. Die Fahrpläne sind, soweit sie nicht die Verbindung der beiden Städte, die Ferienzentren oder den Flugplatz betreffen, vorwiegend auf einheimischen Bedarf abgestimmt. An Wochenenden und Feiertagen eingeschränkter Verkehr! Die Busse sind mit dem Fahrziel bezeichnet. Haltestellen erkennt man teils am Wartehäuschen, teils an der Halteverbotstafel mit Text »Bus«; Einzelfahrscheine beim Busfahrer. Ausgangspunkt ist in Los Llanos der Busbahnhof, in Santa Cruz die Uferstraße südlich der Plaza de la Constitution.

Tips

Für »Verspätete«

Wenn gar nichts mehr geht mit Flug und Unterkunft bei den Reisebüros, so gibt es oft noch kurz vor Abflugtermin Last-minute-Angebote auf den Webesites der Ferienflieger oder bei BUY.bye, Tel. 01805/858858, Internet www.BUY.bye.de.

Echte Chancen für späte Unterkunft:

Stadthotels in Santa Cruz, z.B. Aparthotel Castillete, Av. Maritima 75, Tel. 922420840,
Fax 922420067; in Los Llanos de Aridane Hotel Valle Aridane, Glorieta Castillo Olivares 5, Tel. 922462600, Fax 922401019.
Ein Versuch lohnt sich.

VERKEHRSVORSCHRIFTEN

Auf Landstraßen darf man nur 90 km/h fahren; Sicherheitsgurt ist obligatorisch. Alkoholgrenzwert: 0,5 Promille. Achtung: Parkverbote sind gelb auf dem Bordstein gekennzeichnet oder beschildert, Abbiege- und Vorfahrtsregelungen oft nur auf dem Fahrbahnbelag aufgemalt! Keine Zigarettenstummel aus dem Wagen werfen (Brandgefahr).

WÄHRUNG → Geld

WASSERSPORT → Baden → Tauchen → Windsurfen

WETTERBERICHT → Rundfunk

WINDSURFEN

Für das Windsurfen eignet sich La Palma weniger, und wenn, dann nur im Winter. Ein lohnendes Revier ist nur die Playa Nueva in der Nähe von Puerto Naos; dort auch die einzige Surfschule.

ZEIT

Auf der Insel gilt westeuropäische Zeit (WEZ) – also bei Ankunft die Uhr um eine Stunde zurückstellen.

GLOSSAR

Barranco = Schlucht, Felsschlucht
Basalkomplex = geologisches Fundament der Insel aus emporgedrücktem, von Tiefengestein durchsetztem Meeresboden
Basalt = dunkles vulkanisches Ergußgestein, bildet charakteristische Säulen
Bodega = Weinkeller, Kellerwirtschaft
Brezal-Feyal-Zone = übermannshoher Buschwald der mittleren Höhenzone aus Erikabäumen, Makronesischem Gagelbaum und Stechpalmen

Cabildo = Hier: Regierung einer Kanarischen Insel
Caldera = geologischer Fachbegriff für Einsturzkrater
Caleta = Bucht
Calle = Straße
Camino = Weg
Camino real = historischer, kunstvoll angelegter und zumeist gepflasterter »Königsweg«; Schaustück präautomobilistischer Verkehrskultur der ehemals unmittelbar dem spanischen Königshaus unterstehenden Insel. Soweit nicht durch neueren Straßenbau zerstört, oft als Wanderweg erschlossen.
Cardon, Cardonal = kanarentypische Pflanzengesellschaft der Tiefenstufe oder niedrigerer Berglagen mit verschiedenen Wolfsmilcharten (Euphorbien)
Casa, casas = Haus, Weiler
Centro de visitantes = Informationszentrum für die Besucher
Cerveza = Bier (einheimische Marken DORADO, TROPICAL)
Codesos-Formation = Fläche mit im Juni gelb blühendem, ginsterähnlichem Gebüsch (*Adenocarpus viscosus*, Drüsenginster) in baumlosen Hochlagen über dem Kiefernwald, undurchdringlich wie Latschenfelder; Kanarenendemit
Conquista, Conquistadtores = Eroberung (Eroberer) und Christianisierung der Inseln
Cueva = Höhle
Cumbre = Gebirge, Bergkamm, Gipfel
Cumbrecita = Bergsattel

Degollada = Scharte, Einsenkung, Paß
Doña = Herrin
Drachenbaum (*Dracaena draco*, span.: Drago) = urweltlicher Baum, für Makronesien typisches endemisches Liliengewächs, das mehrere hundert Jahre alt werden kann. Leicht erreichbarer Bestand in La Tosca bei Barlovento, weitere Exemplare an etlichen Stellen der Insel, v.a. im Nordwesten. Schon von den vorspanischen Bewohnern verehrt, ist der Baum heute ein Symbol für die exotische Flora der makronesischen Inseln.

Embalse, Presa = Stausee
Enarenado → Trockenfeldbau
Endemit, endemisch = nur in einem bestimmten Gebiet vorkommende Pflanzen- oder Tierart
Ermita = Kapelle
Euphorbie = Wolfsmilchgewächs

Faro = Leuchtturm
Fiesta = Fest
Finca = Bauernhof
Fuente = Quelle

Guanchen = Sammelbezeichnung für die vorspanischen Einwohner der Kanarischen Inseln
Gumpe = Wassertümpel

Hornitos = kleine, entleerte Vulkanschlote oder in der Lava geplatzte Gasblasen
Hostal = entspricht einer Hotelpension

ICONA = ehemals spanische Naturschutz- und Nationalparkbehörde »Instituto Nacional para la Conservación de la Naturaleza« des spanischen Land- und Forstwirtschaftsministeriums; hat den Parque Nacional Caldera de Taburiente eingerichtet, Wege, Rastplätze und Erholungsgelände angelegt. Nachfolger ist die Autonome Nationalparkbehörde in Madrid.
Iglesia = Kirche
Intrusion = Empordringen von Magmamassen in die Erdkruste
Isleño = Inselbewohner

Kanarenkiefer (*Pinus canariensis*) = bis zu 60 m hoher Nadelbaum der Kiefernfamilie mit dicker, grobrissiger Borke; kann 500 Jahre alt werden. Der Baum wächst selbst auf dürrsten Asche- und Felsstandorten; 30 cm lange Nadelbüschel fangen einen erheblichen Teil des Wasserbedarfs aus der Feuchtluft ein, durch Neuaustrieb direkt am Stamm übersteht er Waldbrände. Das widerstandsfähige Kernholz (tea) ist als Bau- und Schreinerholz geschätzt.
Krater = trichterförmige Öffnung eines Vulkans

Lapilli (span.: rofe, picón) = vulkanisches Auswurfmaterial (Pyroklaste) von 2–20 mm Korngröße
Llanos = Ebenen
Lomo = hinabstreichender Hangrücken
Lorbeerwald, Laurisilva, laurel = Nebelurwald in Höhen von 500–1000 m in feuchten Nordlagen. Dichte und dunkle Waldgemeinschaft aus vorwiegend vier, bis 30 m hohen immergrünen Lorbeerarten, mit dem Gewürzlorbeer des Mittelmeergebietes verwandt. Lianenartige Klettergewächse, Riesenfarne. Makronesische Besonderheit; Relikt einer im Tertiär um das heutige Mittelmeer verbreiteten Waldformation. Im Biosphärenschutzgebiet der UNESCO gut entwickelt.
Lucha Canaria = beliebte Wettkampfsportart auf den Kanarischen Inseln. Die Mitglieder zweier Mannschaften treten gegeneinander an und versuchen sich durch Ausheben zu Boden zu werfen. Der aus vorspanischer Zeit stammende Volkssport ähnelt den Schwingerfesten in den Schweizer Alpen.

Makronesien, makronesisch = geobotanische Sammelbezeichnung für die Archipele Kanarische Inseln, Madeira und Azoren aus Gründen ähnlicher Vegetation
Malpais = kahler (steriler), von geborstener Lava bzw. vulkanischem Auswurf bedeckter Landschaftsteil
Malvasier = Wein(reb)sorte, aus Griechenland auf die Kanarischen Inseln eingeführt
Mirador = angelegter oder ausgebauter Aussichtspunkt
Mocho = die unerläßliche, meist stark gewürzte Sauce

mit viel Knoblauch in roter (rojo, Peperoni) oder grüner (verde, Würzkräuter) Version
Molino, molina = Mühle
Montaña = Berg
Morro = gerundeter Berg, Kopf, Kuppe
Mudéjarstil = von maurischen Bauhandwerkern im christlichen Südspanien im Spätmittelalter entwickelte Stilrichtung; auf den Kanarischen Inseln vorherrschend

Natternkopf (*Echium*) = Pflanze mit säulen-, kegel- oder kugelförmigem Blütenstand aus der Familie der Rauhblattgewächse

Opuntie = Feigenkaktus; eßbare Früchte

Papas arrugadas = mit der Schale gekochte »Runzelkartoffeln« mit dünner Salzkruste; übliche Beilage zu vielen Gerichten
Parrilla = Grillrestaurant
Passat = beständiger Wind aus Nordost
Patio = Innenhof spanischer Gebäude
Petroglyphen = in den Fels geritzte oder gemeißelte Zeichen vorgeschichtlicher Einwohner
Piedra = Stein, Felsen
Piste = unbefestigter Fahrweg, kein Unterbau
Playa = Küste, Bucht
Plaza = Platz, Stadt- oder Dorfplatz
Presa → Embalse
Puerto = Hafen
Punta = Landzunge, Landspitze

Refugio = Rastplatz mit Tischen, Wasser und Feuerstätte, meist auch Kampieren mit Genehmigung möglich. Keine Unterkunftshütte!
Resident = auf den Inseln dauerhaft ansässiger Fremder; verdeutschter Ausdruck aus der spanischen Amtssprache
Rincón = Winkel
Risco = Hang, Abhang, auch (felsige) Steilwand

Salinas = Saline; hier: Anlage zur Meersalzgewinnung in Verdunstungsbecken
Schildvulkan = schildförmige Vulkanform
Steinmann, Steinmännchen = als Kennzeichnung aufgeschlichtete Steinpyramide
Sukkulenten = Dickblattgewächse mit wasserspeicherndem Gewebe
Syenit = helles, granitähnliches Tiefengestein

Tabaiba = sukkulente Wolfsmilchgewächse (Euphorbien)
Tapas = Appetithappen verschiedener Art vor dem Essen oder jederzeit als Zwischenmahlzeit
Tea = harziges, widerstandsfähiges Kernholz der Kanarischen Kiefer
Tiefengestein = in der Erdkruste erstarrtes Gestein
Trockenfeldbau = von Lanzarote stammende Anbauweise, bei der die Pflanzen hinter Windschutzmäuerchen unter einer Bodenabdeckung aus Lapilli wachsen. Der vulkanische Grus speichert Feuchtigkeit aus der Luft (z. B. Tau) und verhindert ein Austrocknen des Bodens.
Turismo rural = ländlicher Tourismus, staatlich geförderte Tourismusform mit modern ausgebauten Privatunterkünften; die Einnahmen daraus kommen den einheimischen Eigentümern zugute.

Urbanisation = eigens angelegtes Ferienzentrum

Valle = Tal

Xerophyten = Trockenheitsliebende Pflanzen

LITERATUR

Reiseführer
Baedeker Allianz Reiseführer La Palma, El Hierro. Ostfildern 1999
Goetz, R.: La Palma. 5.Aufl. Frankfurt/M. 2000 = Peter Meyer Reiseführer
Börjes,I.: La Palma. 4.Aufl. Erlangen 2001

Schöne Literatur
Braem, H.: Tanausú. München 1991
Junker, H.: Die Pinie zur Heiligen Jungfrau. Düsseldorf o. J.
Körke, H.: Noch ein verdammter Tag im Paradies. Tübingen 1988
Nebel, G.: Phäakische Inseln. Stuttgart 1965
Rabsch, O.: Tazacorte. Tübingen 1989

Sachbücher
Bergmann, H.-H. u. Engländer, W.: Reiseführer Natur Kanarische Inseln. München 1993
Führer für den Besuch des Nationalparks der Caldera de Taburiente. Madrid 1998
Gratis Heftreihe des Patronato de Turismus, Cabildo Insular de La Palma. Santa Cruz de L.P. um 2000: Führer für aktive Freizeitgestaltung. Höhlenkunde; Kunstgeschichtlicher Führer durch Santa Cruz de L.P.; Kunsthandwerke; Legendenführer; Palmerische Küche; Volkstümliche Küche; Wanderführer.
Kunkel, G.: Die Kanarischen Inseln und ihre Pflanzenwelt. 2.Aufl. Stuttgart 1987
Reifenberger, A.: La Palma Handbuch. Kiel 1990
Schönfelder, P. u. I.: Die Kosmos-Kanarenflora. Stuttgart 1997

Wanderführer
Lipps, S.: Wandern auf La Palma. DuMont 1999
Morales, M.: Das La Palma Wanderbuch. La Laguna 1995
Wolfsperger, K. u. A.: Rother-Wanderführer La Palma, 5. Aufl. München 1999

Periodische Hefte
La Palma Info. Los Llanos Infomagazin (La Palma). Santa Cruz

Karten
Isla de La Palma Ed. Turismo 1:50 000, Inst. Geografico Nacional
Kompass Wanderkarte La Palma 1:50 000
La Palma 1:50 000, freytag & berndt, Wien.

REGISTER

kursive Ziffern weisen auf Bilder, **fette** Ziffern auf ausführliche Erwähnungen hin

Geographisches Register

WANDERN & ERLEBEN

Sach- und Personenregister

DER AUTOR

Peter Grimm, 1929 geboren, in Oberbayern aufgewachsen, zwei Söhne, sechs Enkel; im Hauptberuf ehemals Bibliothekar. Mit Literaturwissen und mit offenen Augen streift der bergsteigende Wanderer nun schon fünf Jahrzehnte voll Entdeckerdrang durch die Alpen. Ehrenamtlich lange engagiert im Deutschen Alpenverein, schreibt er als freier Alpenjournalist für verschiedene Medien, nicht wenig auch über La Palma.
Die Insel hat den Verfasser gleich beim ersten Rendezvous begeistert. Nun wandert er seit Jahren im ewigen Frühling genüßlich zwischen Mandelhainen, Kanarenkiefern und Vulkangestein. Er beobachtet und studiert La Palma – und sinniert in alter Freundschaft über Landschaft, Geschichte, Kultur und Menschen dieser faszinierenden Insel im Atlantik.

Impressum
Eine Produktion des Bruckmann-Teams, München
Layoutrealisation und DTP-Produktion: VerlagsService Dr. Helmut Neuberger & Karl Schaumann GmbH, Heimstetten
Kartographie: Elsner & Schichor, Karlsruhe

Umschlag-Vorderseite: La Palmas Nordküste bei El Tablado
Umschlag-Rückseite: Drachenbäume in La Tosca bei Barlovento
Seite 1: Blick vom Roque de los Muchachos (2426 m) nach Süden

Bildnachweis
Umschlag-Vorderseite: Martin Siepmann, Geretsried
Umschlag-Rückseite: Peter Grimm, Starnberg

Innenteil: Dr. Gerhard Hirtlreiter, Rosenheim: 6, 11, 15, 19, 25, 26, 28, 41, 42, 50, 52, 53, 69, 70, 74, 77, 81, 87, 90/91, 115, 117, 120/121, 128, 136, 139, 141, 142, 148/149, 150.
Ilse Raneburger, Rosenheim: 2, 8/9, 133, 146, 159.
Gerald Schwabe, Göttingen: 14, 17, 22/23, 31, 56, 64, 103, 130, 152, 157.

Alle anderen Fotos stammen vom Autor Peter Grimm, Starnberg.

Gedruckt auf chlorfrei gebleichtem Papier

Die Deutsche Bibliothek – CIP-Einheitsaufnahme
Ein Titeldatensatz für diese Publikation ist bei Der Deutschen Bibliothek erhältlich

völlig aktualisierte Neuauflage

Printed in Italy by Printer Trento S.r.l.
ISBN 3-7654-3937-1